t.a.t.

Terapia da Alegria Transcendente

Exclusiva para mulheres

t.a.t.

Terapia da Alegria
Transcendente

Exclusiva para mulheres

NEUSA RINALDI

1ª edição: 2019

© Neusa Rinaldi
Obra registrada na Biblioteca Nacional
1ª edição: 2019 – 1ª reimpressão revisada

***

t.a.t.

Terapia da Alegria Transcendente

***

Rua dos Pinheiros, 1076 cj 52 • Pinheiros
CEP 05422-002 • São Paulo • SP • Brasil
Tel 011 3812-3112 e 3812-2817
www.linearb.com.br

***

Capa
Alice Barbosa

Ilustrações
Lucas Busato

Edição
Linear B Editora

Dados Internacionais de Catalogação na Publicação – CIP

R578   Rinaldi, Neusa
          T.A.T Terapia da Alegria Transcendente: exclusiva
       para mulheres/ Neusa Rinaldi. – São Paulo:
       Linear B Editora, 2019. 192 p.

          ISBN 978-85-5538-202-4

          1. Espiritualidade. 2. Autoconhecimento.
       3. Desenvolvimento Humano. 4. Mulher. 5.
       Transcendência. 6. Terapia Holística. 7. Terapia
       da Alegria Transcendente. 8. Terapia da Alegria.
       I. Título.

CDU 316   CDD 305

Catalogação elaborada por Regina Simão Paulino – CRB-6/1154

Sumário

"Todos têm um propósito de vida...
Um dom singular ou um talento único
para dar aos outros.
E, quando misturamos esse talento
singular com benefícios aos outros,
experimentamos o êxtase da
exultação do nosso próprio espírito —
entre todos, o supremo objetivo."

Deepak Chopra

Recomendações

Recomendo às mulheres que, ao usarem esta técnica, não dispensem o conselho e o acompanhamento médico. Não recomendo o uso de qualquer outra técnica como forma de tratamento para problemas físicos, emocionais ou clínicos sem o aconselhamento de um especialista na área correspondente.

Agradecimento

Gratidão a Deus, cujo sopro divino me permite viver e me sustenta com seu alento magnânimo!

Dedicatória

Dedico este livro a todas as mulheres que buscam uma maneira de ser e um modo de vida com Alegria Transcendente.

Reverencio a Todos os seres como companheiras (os) de viagem, amo-os e agradeço-lhes por tudo, por qualquer caminho que tenhamos trilhado juntos, por um momento, por uma estação ou pela eternidade.

Notificação

Este trabalho é altamente espiritual e a Terapia só será eficaz se a ligação for com iluminação espiritual, pois sem esse objetivo o propósito não será atingido. É importante que se apliquem em trabalhar para um bom resultado, levando o conteúdo deste livro a sério e seguindo de forma clara os passos do livro. A todo o momento, façam o seu melhor e, assim, farão progresso. A nenhuma alma é dada uma tarefa maior do que aquela com a qual ela possa lidar e, é claro que, invariavelmente, serão auxiliados ao longo do caminho.

Introdução

"Quanto tempo mais você deixará sua
energia adormecida?
Quanto tempo mais permanecerá indiferente
à sua própria imensidão?"

(A Cup of Tea, de Bhagwan Shree Rajneesh)

A Terapia da Alegria Transcendente nos desperta para a nossa sabedoria intuitiva, inspiração, energia dinâmica, empatia, compaixão,
criatividade, sexualidade e espiritualidade reprimidas
ou adormecidas.

Este livro foi escrito para as mulheres interessadas
em se compreender e revelar a si mesmas um método
de cura pela imposição das mãos. Apresenta uma
visão abrangente de um modo de vida dirigido para
a saúde e o crescimento e para mulheres que aspiram
uma saúde física, psicológica e espiritual melhor e
que querem aprender a se curar – nesse caso, "cura
de si mesma" significa "transformação de si mesma".

O trabalho individual, feito por meio do uso de
uma sequência de imposição de mãos, vai estimular
diretamente os aspectos que você mais precisa expressar na sua vida, aspecto da alegria que transcende.

Pode ser aplicado em mulheres de todas as idades, beneficia aquelas que estão encerrando seus ciclos menstruais ou já passaram pela menopausa, trabalha os principais centros energéticos femininos, reativando os fluxos de energia entre eles, e os portais da alma, que irão resgatar a sua conexão e visão interior. Com toques sutis, em pontos específicos, abre e estimula centros energéticos fechados por emoções contidas e crenças errôneas, em virtude de marcas antigas contidas no espírito.

É uma terapia destinada às mulheres que buscam transformar e transcender padrões mentais e emocionais. Nosso ventre é um centro lindo e de muita força de energias femininas, nosso útero é um caldeirão de poder, é um órgão de armazenamento da alegria, da criatividade, da intuição, do amor, da sabedoria, do prazer e da conexão espiritual. Quando esse centro está em equilíbrio, estamos integradas, completas, sensuais e em plenitude, prontas para viver sem medo, culpa ou carência.

Quando recebermos essa terapia, mergulharemos profundo no âmago do nosso ser, acordando nossos aspectos que foram reprimidos, feridos, restringidos ou ficaram latentes. O estresse e a carga da vida moderna bloqueiam nossa energia, desconectando-nos da totalidade dos aspectos de nossa natureza fêmea.

A experiência dessa energia em nosso corpo pode variar de mulher para mulher: algumas podem se sentir energizadas ou mais sensuais, outras podem sentir paz, calma e amor, e em alguns casos podem sentir uma alegria tão grande e chegarem a um êxtase.

Os benefícios da técnica:

- abertura para a alegria transcendente e liberdade de expressar quem somos em toda beleza de ser mulher;
- resgatar força da natureza feminina;
- despertar a espiritualidade;
- fortalecer o emocional;
- reduzir a competitividade;
- favorecer relações com homens e mulheres a partir da natureza feminina;
- despertar a sexualidade e a criatividade;
- resgatar o sagrado dentro do feminino.

Essa técnica trata problemas físicos e emocionais, limpando memórias negativas que ficam registradas no útero, como abortos e traumas sexuais de várias gerações.

O útero é a morada da alma feminina é o que temos de mais puro e natural na essência feminina. Dentro dele está a sabedoria da conexão com os ciclos naturais e da lua, a sabedoria da medicina das plantas. É olhar para dentro e descobrir tudo o que faz nosso coração vibrar antes de qualquer convenção ou padrões ditados pela sociedade. É a amorosidade, respeito à Mãe Terra, aos nossos ciclos e ao nosso corpo.

Vocês são as que podem verdadeiramente mudar o mundo, simplesmente trazendo o que faz parte da sua natureza interna para o exterior, conectando-se com sua sabedoria milenar, doando a alegria e o amor que vêm da alma. Devem abandonar a ideia de que esta realidade jamais pode ser mudada. Vocês só precisam saber escolher a direção a seguir, e apenas prosseguir, dentro de uma realidade que pode, sim, ser mudada.

Com essas mudanças internas, você vai sentir um aumento de sua sensibilidade, de modo que possa diferençar as sutis informações que recebe e que só podem ser percebidas pelo desenvolvimento do amor por si mesma.

Todos formamos uma cadeia, tudo está conectado, somos unidos, cada ser individual é um fiozinho nessa cadeia em que vivemos, cada um contribui com sua parcela para se juntar ao Todo. Toda vez que se realiza uma cura, ou em você ou no outro, toda humanidade é beneficiada. Cada cura aproxima o mundo da alegria do Todo.

O Universo é a expressão de alegria e você, ao tomar atitude triste e desagradável, se afasta dessa proposta universal, então o corpo adoece e manifesta dor ou sofrimento por sentir falta e saudade da felicidade que está em toda a natureza. A alegria tonifica o organismo e distribui as energias vitais, de forma a beneficiar a saúde.

Você precisa entender que a verdade, ao longo dos tempos, foi escondida de nós, porém, ela existe por si só e independe de qualquer opinião, partido ou seita. Essa verdade nos permite saber que podemos, sim, ser felizes, que podemos manifestar a alegria, que se você deseja sentir essa alegria e felicidade, natural dos seres que estão neste planeta, você pode acessá-la. A proposta é o reencontro, reconhecimento e reconexão individual, assim, o reflexo no coletivo acabará sendo inevitável.

As mulheres precisaram se masculinizar para conquistar espaço, sobretudo profissional. Elas conseguiram, mas com dupla jornada: em casa e na profissão. Se as mulheres se desligarem um pouco do mundo tecnológico e rotineiro, ou seja, buscarem descobrir mais sobre si próprias, interiorizando-se, percebendo melhor seus instintos, suas vontades e seus ciclos femininos, o mundo à sua volta muda. É como se uma nova consciência as abraçasse. Então, perceberão como sua infelicidade surgiu por tentar ser feliz, e a tentativa em ser feliz traz mais infelicidade. A felicidade não faz tentativa, ela é um estado do ser, você não precisa procurar por ela, ela já é inerente aos seres deste Universo.

Quando há muita correria para lá e para cá, você se torna infeliz. Felicidade existe só em repouso completo. Você acha que vai encontrar a felicidade através da correria, mas, no final, fazendo tudo isso, você só vai se sentir infeliz. Quanto mais você corre, mais miserável você vai se sentir. A felicidade é um momento de descanso, quando não há mais correria, quando você está apenas em repouso, quando você está simplesmente lá onde você estiver, quando você não se mover, até mesmo uma polegada. E então, nesse momento de descanso, você encontrará a felicidade.

Passamos, todas, por um profundo chamado para a revolução de nossa consciência, para ser o que nascemos para ser. Não é fácil toda essa lavagem cerebral desde os séculos passados que contaminou até nosso DNA, mas não há outro caminho possível, pois chegou a hora do encontro verdadeiro com este sagrado que nos habita. Temos que voltar a nos relacionar com nós mesmas, com os outros e com a natureza como antes faziam nossas ancestrais.

A existência em si traz felicidade, e felicidade é paz, tudo dentro de uma perfeita harmonia. As mulheres em todo o mundo devem reencontrar esse poder esquecido, curando as suas feridas e elevando os seus dons. Este poder é refletido na nossa vida pessoal, nos nossos relacionamentos e no nosso trabalho. Devemos aprofundar intensamente o conhecimento do Ser Mulher, aquela que está disposta a brilhar na sua vida com a força das suas ancestrais.

Às vezes, valorizamos pouco as coisas que fazemos todos os dias, temos que honrar a nossa natureza, o corpo e a sexualidade, como parte daquilo que somos, como instrumento pelo qual viemos à vida terrena, sem culpa, porque isso é a expressão do Divino, isso é a alegria que transcende!

Transcender significa superar. Transcender algo que lhe pertence, significa compreendê-lo em seus detalhes, é sair de si, ir em busca de algo que possa ter sentido para o seu *Eu*.

Aquele que transcende é pura alegria. Em coisas absolutamente terrenas e simples, ele se permite alcançar patamares superiores de consciência.

Essa energia e essa força precisam ser usadas com integridade, sinceridade e amor.

Minha Experiência como Terapeuta Holística

"Conheça todas as teorias,
domine todas as técnicas,
mas, ao tocar uma alma humana,
seja apenas outra alma humana."

(Carl Jung)

P ara ser uma Terapeuta Holística é necessário desenvolver um profundo trabalho de autoconhecimento, mergulhar no mais profundo do seu ser, fazendo uma grande limpeza interna.

Geralmente o caminho é árduo. Retirar nossas máscaras, retirar o tapete e limpar a sujeira, na maioria das vezes, é um trabalho difícil e doloroso, requer tempo e paciência.

Dar-se conta de que a "revolução" começa de dentro, aliás, vivenciar o que os livros falam, nunca será uma tarefa fácil, muitas vezes a interpretação fica só no intelecto, falta o sentir! Do sentimento, nasce a consciência de si.

A parte mais difícil relacionada ao aprendizado é o crescimento pessoal.

Os chineses costumam comparar muito o bambu ao crescimento espiritual do ser humano: "Depois de plantada a semente, não se vê nada; durante cinco anos, todo o crescimento é subterrâneo, invisível a olho nu, mas uma maciça e fibrosa estrutura de raiz, que se estende vertical e horizontalmente pela terra, está sendo construída".

Para desenvolvermos uma qualidade de atendimento, precisamos investir tempo, esforço, fazer tudo o que podemos para nutrir o nosso crescimento e, às vezes, não vemos nada por semanas, meses ou anos. Se tivermos paciência para continuar trabalhando, persistindo e nutrindo, o seu tempo chegará, e, com ele, virá o crescimento e as mudanças de que você precisa. Do contrário, a tendência é que essa plantinha nem consiga se desenvolver por falta de nutrientes, de condições básicas para sobreviver.

As raízes são importantes. Ao longo dos 38 anos de trabalho na área de terapias alternativas, tenho visto muitos aspirantes totalmente despreparados espiritualmente, energeticamente e psicologicamente, tentando curar os outros antes de se autocurar. Já vi muitas pessoas se intitularem Terapeutas Holísticos com apenas um curso de fim de semana – o resultado é um trabalho ineficaz e catastrófico. Muitos terapeutas não têm tempo ou esforço para estabelecer e aprofundar suas raízes.

Para aprender, o primeiro passo é esvaziar-se de suas noções preconcebidas. Não se pode encher um copo que já está cheio.

O interior oco do bambu nos lembra de que muitas vezes estamos demasiadas cheias de nós mesmas e nossas próprias conclusões e não temos espaço para mais nada. Para receber o conhecimento e a sabedoria e fazermos as mudanças necessárias em nossa vida, temos que estar abertas ao que é novo e diferente.

Quando você esvaziar sua mente de preconceitos, tabus, crenças limitantes, orgulho e medo, você se tornará aberta às possibilidades.

Depois que você estiver limpa, oca como um bambu, as técnicas serão aprendidas com muita facilidade, porque o canal está limpo. Para atender uma pessoa, temos que ser o mais neutra possível, sem intervenção do nosso ego, com o pé na terra, desenvolver a espiritualidade de maneira que apoiar as pessoas a investigarem e resolverem seu mundo interno se torne uma ação que tenha atitudes superiores.

A energia do nosso trabalho fica muito melhor se você mantiver atitudes positivas e trabalhar com amor, de acordo com o seu propósito, se autoconhecendo. Temos as ferramentas certas para ajudar, então podemos e devemos colocá-las em prática.

Quanto mais segura você estiver sobre os seus conhecimentos, sobre o seu interior, mais confiante você estará para atender as pessoas. Com consciência, com equilíbrio emocional, alicerçados em um solo firme e fértil, que proporcione o crescimento, sua atuação será de expansão e mudança.

Prana (Chi)

"A brisa que sopra do mar é o *prana* que me sustenta.
Rios correm em minhas veias e me fazem pensar:
nada está separado, nada está fora do lugar."

(Tales Nunes)

P rana, muitos outros nomes foram dados a esta energia, como Chi, Aura, Força Vital, Táquion, Mana, Orgone etc. Seu entendimento sempre esteve presente nas filosofias orientais, mas a própria ciência já a identificou, embora não a estude abertamente. Ela é parte integrante do Universo, é uma onda de energia que atinge certo limiar de vibração e muda de frequência, a ponto de ser absorvida e transmutada em energia vital pelos seres vivos através dos chakras.

Cientificamente, o Prana é uma energia eletromagnética de caráter universal, existente em todas as coisas e de forma especial nos organismos vivos. Essa energia não pode ser criada nem destruída, apenas transformada. O mesmo acontece com a energia da alma. Não há perda ou destruição de energia, apenas sua transformação.

Essa força vital de toda a criação faz com que a Terra gire em torno do Sol. O Prana movimenta o ar, a água, os nervos, as células de memória e as marés oceânicas. É a base do pensamento e da consciência que habita o corpo e também a base de todas as criações. São os átomos de luz que existem no Universo. Sem ela, não haveria qualquer chance de evolução da vida, uma vez que sem a energia adequada não há desenvolvimento, muito menos transformação da matéria. Todos nós vivemos de Prana. Se não fosse assim, a vida na Terra não seria possível, pois é o Prana que movimenta a luz no planeta, sua vibração é puramente divina.

Ele entra em nosso organismo por meio dos raios solares, da água, da terra, das rochas e dos cristais, da respiração, das plantas e da alimentação.

Prana solar pode ser obtido através da exposição ao sol.

Prana do solo pode ser absorvido pelas solas dos pés se andarmos descalços na areia ou na terra. A conscientização da absorção, no entanto, poderá aumentar a vitalidade no corpo físico.

Prana do ar é absorvido pelos pulmões através da respiração e também pelos centros de energia do corpo, também conhecidos como chakras.

Uma maior quantidade de energia vital poderá ser absorvida pela respiração ritmada e profunda, em vez de curta e superficial.

Algumas pessoas, com maior sensibilidade visual, podem vê-la como pontinhos de luz no ar.

Para poder ter essa experiência, você deve estar em um lugar com ar limpo, livre de poluentes, e silencioso. Para isso, fiquem deitados de costas, olhando para o céu. Após algum tempo, a vista relaxa, abrindo o campo da retina, e será possível ver minúsculas bolinhas brancas, às vezes com um ponto preto. Surgem por um segundo ou dois, deixam um ligeiro traço e tornam a desaparecer. Se você persistir na observação e expandir a visão, começará a ver que todo o campo pulsa num ritmo sincronizado. Nos dias de sol, as bolinhas de energia, brilhantes, movem-se depressa. Nos dias enevoados, mais translúcidos, movem-se devagar e são em menor número. Numa cidade envolta em névoa e fumaça, são menos abundantes, escuras, e movem-se muito devagar.

Porém o mais importante no Prana é que no ser humano sua presença está particularmente conectada com nossas emoções. Isso significa que, quanto mais energia positiva experienciarmos, mais Prana se encontrará em nosso organismo. Isso porque, de maneira inconsciente, tendemos a "sugar" mais dessa energia quando estamos felizes ou amorosos. Assim, quanto mais Prana têm no organismo, mais positividade nos surge. Essa energia é justamente a ponte entre nossos desejos e sua possível realização. É por meio do Prana que inserimos informação no Universo, que temos a estruturação para alterar nossas realidades.

Qual a importância de falarmos dessa energia? Simples, uma vez que sabemos que, quanto mais Prana tivermos em nosso organismo, mais vitalidade, disposição e paz teremos, aprender a lidar com ele nos ajudará e muito a mantermos nossas vibrações elevadas, cheias de emoções positivas, contribuindo para deixar nossas experiências físicas mais harmoniosas.

Controlar o Prana, ou ao menos aprender a absorvê-lo, é um passo gigantesco para a evolução espiritual. Aumente o Prana em seu organismo e inevitavelmente você elevará sua vibração. Eleve o Prana e você estará mais predisposto a sentir emoções positivas.

O controle das emoções é o que separa uma pessoa com sua divindade desperta de uma pessoa adormecida na matéria, um cocriador de uma criatura. Tanto o controle das emoções quanto a absorção de Prana passam exclusivamente pelo controle da respiração.

Sem o controle da respiração fica muito mais complicado o também controle das emoções. Isso porque toda vez que respiramos absorvemos certa quantidade de Prana, mas de maneira insuficiente para satisfazer as necessidades básicas de seres espirituais como nós.

Respiramos apressados e de maneira superficial, deste modo a absorção da energia vital é fraca. Percebemos isso em forma de cansaço, desânimo, preguiça, depressão, falta de vontade de viver e na dificuldade em acordar. Quando respiramos corretamente, a energia é absorvida de forma plena e então reabastecemos nossos organismos.

De qualquer forma, o controle da respiração é uma das práticas essenciais que não são abordadas pela maioria dos autores que lidam com o poder criativo e com a espiritualidade de maneira geral.

De fato, ela é um dos pilares da criação deliberada, uma vez que, quando controlamos nossa respiração, também controlamos as emoções com o armazenamento de Prana. Portanto, práticas respiratórias são um passo gigantesco para o começo de um total despertar.

Campo de Energia Humano

"Imagine uma aura positiva,
se conseguir imaginar,
poderá criar todos os sentimentos que desejar,
abra sua mente."

(Lucas Lemos)

N os seres humanos, as manifestações energéticas representam a expressão da personalidade, dos sentimentos, dos pensamentos e dos aspectos espirituais. Esse campo energético é mais fino ou sutil e vibra em frequência mais elevada e difícil para ser detectada por aparelhos. No entanto, é fácil ser detectado por nós, pelos animais e pelas plantas. Todo ser vivo possui à sua volta um campo bioenergético chamado Aura. Até os vegetais a possuem. Quando falamos em Aura, chakras, bioenergias ou energias bioconsciências, inevitavelmente estamos falando de campo, geralmente uma área ou volume de percepção indeterminada, onde atuam um conjunto de energias imponderáveis pela ciência acadêmica, mas perceptíveis pela intuição e clarividência do pesquisador sensitivo.

Tudo no Universo é onda. A consciência capta e interage com o meio através de ondas. Os olhos humanos captam ondas eletromagnéticas, os ouvidos também, assim como a pele e o nariz. Como o Universo é multidimensional, o ser humano também é. Todas as pessoas possuem corpos em frequências dimensionais diferentes e cada corpo possui um campo eletromagnético. Evidentemente, cada corpo possui sua forma de interagir e trocar informação (ondas) com o meio, logo, o ser humano possui muito mais sentidos de percepção do que se quer ou consegue imaginar.

Cada intenção, pensamento, sentimento ou ação carrega sua própria vibração. Os pensamentos e os sentimentos, tais como o amor e a bondade, transmitem uma vibração mais elevada do que a raiva e o ressentimento.

Cada vez que vocês experimentam um pensamento ou um sentimento, fica registrado em seu campo energético. É um registro de quem vocês são, e isso muda baseado em seu estado atual de ser.

Por exemplo, se vocês estão se sentindo em paz e algo repentinamente perturba o seu ambiente, o seu campo energético vai refletir essa mudança, a menos que vocês dominem a arte de permanecer calmos durante perturbações.

A consciência é pura energia e entra em sintonia com a frequência que você emite; isso não é teologia, nem filosofia, isso é física. Por isso é difícil fazer uma pessoa entrar em uma frequência alta quando está vibrando nos chakras inferiores e só consegue perceber o medo e os próprios instintos. Quem vibra na densidade não consegue ter abstração de pensamento para entender conceitos de frequência alta, porque só consegue raciocinar em termos de materialismo e sobrevivência. Elas não possuem uma percepção transcendente da vida, porque, simplesmente, estão enraizadas numa frequência de medo e materialismo. Quanto mais tempo gastarem com determinada vibração, maior o seu reflexo em seu campo energético. Se vocês são geralmente pessoas gentis e amorosas, essa é a vibração que será refletida em seu campo energético.

A clareza do seu campo energético é um reflexo tanto das suas vibrações internas quanto externas. Sua vibração externa pode ser considerada como as suas ações, palavras faladas e emoções expressas, enquanto que a sua vibração interna se compõe dos seus pensamentos e emoções não expressas. Quando as suas vibrações internas e externas se combinam, o seu campo energético é um claro reflexo do que vocês estão pensando, sentindo e expressando.

Todavia, quando vocês estão pensando e sentindo uma coisa e expressando algo completamente diferente, isso pode levar a uma obscuridade do seu campo energético. O interior e o exterior estão em conflito e isso pode causar um padrão vibracional perturbador.

As qualidades em que vocês se concentram mais frequentemente serão a vibração predominante em seu campo energético. Quando vocês estabelecem as suas intenções a respeito de atributos como o amor, a alegria e a compaixão, vocês desenvolvem um padrão vibracional desses atributos. Isso, então, se reflete em seu campo energético. Quanto mais se concentrarem neles, mais fortemente vão adentrar a sua aura.

Ao se concentrar intencionalmente nas qualidades que vocês desejam refletir, isso se torna o seu padrão. Vocês podem constatar que estão atraindo situações de uma vibração semelhante. Ademais, se por acaso encontrarem uma situação que não combina com a sua intenção, vocês podem permanecer centrados mais facilmente, porque vocês estabeleceram suas intenções conforme o seu padrão.

Se estabelecerem amor, alegria e paz como sua intenção, isso se torna o estado natural que vocês refletem em seu campo energético. Quando vocês têm pensamentos amorosos e pacíficos e os expressam, em palavras e ações, então, o interior e o exterior estão transmitindo uma vibração semelhante. Isso conduz à harmonia em seu campo energético e reflete uma vibração clara do seu estado de ser.

Um estado de pureza se torna parte da sua vibração conforme vocês se concentram nas qualidades amorosas para toda a criação. Quando vocês desejam o bem maior para todos, estão expressando a alegria de toda a criação. Vocês são capazes de se relacionar com a Centelha Divina que faz parte de tudo. Quando isso ocorre, a sua própria vibração se eleva para um nível superior, porque vocês estão expressando uma pureza de desejo em suas intenções, pensamentos, sentimentos e ações.

O corpo físico que vemos é apenas um dos 7 corpos sutis que nos envolvem. Cada pessoa tem, à sua volta, um campo energético composto de 7 camadas, como se fosse uma espécie de bolha que nos acompanha aonde quer que vamos, e todas elas fazem parte de quem somos. Os corpos são integrados entre si e suas energias se entrelaçam. Essa energia combinada chamada Aura é percebida como um manto de cores em movimento que circundam o indivíduo. As cores vão mostrar uma grande variedade de tons, assim como de graus, de expansão de forma física.

Quanto maior a harmonia entre os corpos, tanto maior a aura. Antes da morte, a aura diminui de tamanho, à medida que a força vital abandona o corpo físico.

Existem muitos sistemas que as pessoas criaram a partir das suas observações para definir o campo áurico. Todos eles dividem a aura em camadas, que definem pela localização, pela cor, pelo brilho, pela forma, pela densidade, pela fluidez e pela função. Cada sistema se engrena no tipo de trabalho energético que o indivíduo está desenvolvendo.

As cores da aura humana podem ser: vermelha, laranja, azul, amarela, verde, violeta e dourada.

Os sete níveis do campo de energia

De acordo com Barbara Ann Brennan, em seu livro *Mãos de Luz*, temos sete camadas no campo de cada pessoa: as camadas inferiores, mais densas e mais fáceis de ver; e as camadas mais altas, como a quinta, a sexta e a sétima, as quais geralmente conseguimos ver com os olhos fechados.

Algumas camadas do campo são altamente estruturadas, como modelos de ondas permanentes de luz, ao passo que as camadas intermediárias parecem compor-se de fluidos coloridos em constante movimento. A direção do fluxo, de certo modo, é governada pela forma de luz permanente, visto que o fluido emana ao longo das linhas de luz permanente. As próprias formas permanentes de luz são cintilantes, como se fossem feitas de um sem-número de luzes minúsculas, dispostas em fileiras, que piscassem rapidamente, cada vez numa velocidade diferente. Essas linhas de luz permanente parecem ter cargas diminutas que se movem ao longo delas. Assim sendo, a primeira, a terceira, a quinta e a sétima camadas têm uma estrutura definida, ao passo que a segunda, a quarta e a sexta se compõem de substâncias semelhantes a fluidos, sem nenhuma estrutura particular. Cada camada penetra completamente todas as camadas situadas abaixo dela, incluindo o corpo físico. Temos, assim, sete corpos que ocupam o mesmo espaço ao mesmo tempo, cada qual se estendendo para fora além do último, coisa que não estamos acostumados na vida "normal" de todos os dias. Muitas pessoas presumem erroneamente que a aura se parece com uma cebola, da qual se descascam camadas sucessivas. Não é assim. As camadas estruturadas contêm todas as formas que o corpo físico possui, incluindo os órgãos internos, os vasos sanguíneos etc., e formas adicionais, que o corpo físico não contém. Um fluxo vertical de energia pulsa para cima e para baixo do campo da medula espinhal. Estende-se para fora, além do corpo físico, acima da cabeça e abaixo do cóccix.

Cada camada parece diferente das outras e exerce sua função particular. Cada camada da aura está associada a um chakra: a primeira camada se associa ao primeiro chakra, a segunda, ao segundo chakra, e assim por diante.

- A primeira camada: corpo etérico, que consiste numa estrutura definida de linhas de força, ou matriz de energia, sobre a qual se modela e firma a matéria física dos tecidos do corpo. Os tecidos físicos só existem como tais por causa do campo vital que os sustenta, e o primeiro chakra está ligado a essa camada, dando o funcionamento físico e a sensação física — a sensação da dor ou do prazer físicos. A primeira camada está ligada ao funcionamento automático e autônomo do corpo. O corpo etérico tem uma camada azulada, às vezes mais acinzentado. Esse nível tende a ser delgado sutil e com uma luz azul-clara no caso de pessoas calmas e sensíveis. No caso de pessoas fortes e robustas, ele é espesso, áspero e tem cor azul acinzentado.

- Segunda camada: chamada de corpo emocional, está associada aos sentimentos e emoções a respeito de si mesmo. Segue aproximadamente os contornos do corpo físico. Sua estrutura, muito mais fluida que a do corpo etérico, não duplica o corpo físico. Mais parece feito de nuvens coloridas de substância fina em contínuo movimento e se liga ao segundo chakra. As cores vivas da energia nebulosa estão associadas a sentimentos positivos acerca de si mesmo, e cores mais escuras e sombrias é o contrário, estão associadas a sentimentos mais negativos de si mesmo. A maioria de nós não deixa fluir todos os nossos sentimentos a respeito de nós mesmos, por consequência a maioria de nós tem energia estagnada em nosso segundo chakra, o que interfere em nossa saúde em graus variados.

- Terceira camada: corpo mental e racional, que se compõe de substâncias ainda mais finas, associadas a pensamentos e processos mentais. As linhas de estrutura desse nível são muito delicadas, como um véu mais fino e sutil. Esse corpo aparece geralmente como luz amarela brilhante que se irradia nas proximidades da cabeça e dos ombros e se estende à volta do corpo. Expande-se e torna-se mais brilhante quando o seu dono se concentra em processos mentais. Liga-se a nossa vida mental, à reflexão linear. O terceiro chakra está unido à reflexão linear. Quando esse nível é equilibrado e saudável, as mentes racional e intuitiva trabalham juntas e em harmonia e os nossos pensamentos são claros, sentimos equilíbrio e temos uma sensação de adequação. Quando esses três primeiros níveis do nosso campo estão sincronizados, aceitamos a nós mesmas, e nos sentimos seguras, adaptadas e temos uma sensação de poder pessoal. Quando seus pensamentos são negativos, as pulsações no campo são mais lentas e as linhas ficam mais escuras e distorcidas. Essas "formas negativas de pensamentos" são as formas que correspondem aos nossos processos de pensamentos negativos habituais. Eles são difíceis de mudar porque parecem lógicos para as mulheres que os estiverem experimentando. Se o seu primeiro e segundo chakras forem fracos, e se o seu terceiro for forte e energizado, você tenderá a viver mais na mente do que nos seus sentimentos. Você estará muito mais interessada em resolver os problemas racionalmente do que considerando os seus sentimentos antes de tomar uma decisão. Isso vai limitar automaticamente a sua experiência de vida.

- Quarta camada: nível astral; o corpo astral tende a ter o mesmo conjunto de cores, como do arco-íris, mas geralmente impregnadas da luz do amor, contém todo o Universo de nossos relacionamentos. É a partir desse nível que interagimos com outras pessoas, com os animais, as plantas, os objetos inanimados, com a Terra, o Sol, as estrelas e com o Universo como um todo. Esse é o nível da ligação "Eu – Tu". Está ligado ao chakra do coração. Uma pessoa com essa energia em equilíbrio e amando, está cheia de luz cor-de-rosa no nível astral. Aqui estão todos os sentimentos a respeito dos outros, é o veículo através do qual amamos, não somente os companheiros, mas também a humanidade em geral. A energia do quarto nível pode atravessar uma sala e chegar a outra pessoa. Sempre que duas pessoas trabalham juntas, grandes correntes coloridas semelhantes a um fluido saem do campo de cada pessoa para tocar no campo da outra. É nesse chakra que metaboliza a energia do amor e da alegria, bem como todo o conflito e a dor do relacionamento. Quanto mais interagimos com alguém, mais conexões energéticas estabelecemos com essa pessoa.

- Quinta camada: corpo etérico padrão, esse é o nível da vontade divina. Contém todas as formas que existem no plano físico em forma padronizada, como se fosse o negativo de uma fotografia. É a forma padrão da camada etérica, a qual, como já foi dito, é a forma padrão do corpo físico. É a cópia perfeita para a camada etérica tomar. Estende-se a uma distância de cerca de 45 a 70 cm do corpo. Na doença, quando a camada etérica se desfigura, faz-se necessário o trabalho etérico padrão a fim de proporcionar a sustentação da camada etérica na sua forma padrão original. É o nível associado a uma vontade mais alta, mais ligada à vontade divina. A vontade divina é um molde ou padrão para um grande plano evolutivo da humanidade e do Universo. Ele é vivo, pulsante, e está constantemente se desdobrando. Ele transmite uma sensação muito forte de vontade e objetivo. Experimentá-la é experimentar a ordem perfeita. Trata-se de um mundo de exatidão e de tons precisos. Se você estiver em harmonia com a vontade divina, o seu quinto nível será forte e cheio de energia, seu padrão irá se adaptar ao padrão universal da vontade divina, você terá uma sensação de grande poder e de ligação com todas as pessoas que estiverem à sua volta, porque você estará no seu devido lugar, com o seu propósito, em sincronia com todos os lugares e propósitos. Se você voltar os olhos para esse chakra, verá que, de fato, está coparticipando da criação desse modelo pulsátil que determina a ordem do mundo. O quinto chakra se associa ao poder da palavra, como se você se unisse ao Todo para expressar a sua palavra no mundo, seu poder de criação, fazer a sua missão, dar o seu recado sagrado dentro da ordem divina.

• Sexta camada: corpo celestial; nível emocional do plano espiritual. Estende-se cerca de 90 cm de distância do corpo. O nível através do qual experimentamos o êxtase espiritual. Podemos alcançá-lo por intermédio da meditação e de muitas outras formas de trabalho de transformação. Quando atingimos o ponto de "estar" onde conhecemos nossa conexão com todo o Universo, quando vemos a luz e o amor em tudo o que existe, quando mergulhamos na luz e nos sentimos dela e ela de nós e nos identificamos com Deus, elevamos nossa consciência até o sexto nível da aura. O amor incondicional flui quando existe conexão entre o chakra aberto do coração e o chakra celestial aberto. A esse respeito, combinamos o amor da humanidade, nosso amor humano básico, com o êxtase espiritual encontrado no amor espiritual, que vai além da realidade física para todos os reinos da existência. A combinação dos dois cria a experiência do amor incondicional, composta de todas as cores do arco-íris em tons opalescentes, que tem um brilho de prata dourada e uma qualidade de madrepérola. Sua forma não está estruturada como a do nível etérico padrão, visto que parece compor-se simplesmente da luz que se irradia do corpo, apresenta uma frequência elevada, semelhante à luz intensa. Está vinculado ao amor celestial, um amor que se estende além do âmbito humano do amor e abrange toda a vida, um nível de sentimento no mundo do nosso espírito, um amor divino. Permanecer nesse nível de percepção consciente gera uma grande sensação de paz no corpo, favorecendo a cura. Ele contém o êxtase que existe na nossa espiritualidade e é sentido com amor espiritual, alegria e contentamento. Nesse nível, a pessoa considera todas as formas de vida preciosas manifestações de Deus.

- Sétima camada: é o nível mental do plano espiritual chamado etérico. Estende-se aproximadamente um metro do corpo. Quando elevamos a consciência ao sétimo nível da aura, identificamo-nos com o Criador. A forma externa é a forma ovalada do corpo da aura e contém todos os corpos áuricos associados à encarnação atual do indivíduo. Esse corpo é também um padrão altamente estruturado. Composto de minúsculos raios de luz dourada, de grande durabilidade, que mantém unida toda a forma da aura com milhares de raios dourados. Esses fios dourados também existem em todas as coisas, eles unem todas as coisas, sejam as células de órgão, um corpo, um grupo de pessoas ou todo o mundo. A borda externa parece uma casca de ovo, com uma espessura de 6 a 12 cm. Essa parte externa da sétima camada, muito forte e elástica, resiste à penetração e protege o campo. Este é o nível mais forte do campo áurico. Pode ser comparado a uma onda de luz estacionária de forma intrincada, que vibra num ritmo elevadíssimo. O nível dourado também contém a corrente principal de força, que corre para cima e para baixo ao longo da espinha, e é a corrente principal de força que nutre o corpo todo. À proporção que a corrente de força dourada pulsa para cima e para baixo da espinha, carrega energias através das raízes dos chakras e liga as energias recebidas por intermédio de cada chakra. O sétimo nível é o nível da mente divina. Quando ele está saudável, conhecemos a mente divina que está dentro de nós e penetramos no campo da mente divina universal. Aqui compreendemos e sabemos que fazemos parte do Todo. Aí conhecemos a perfeição que existe dentro de nossas imperfeições.

Yin e Yang

"Se compreende a filosofia do Yin e Yang
compreenderá a filosofia da vida."

(João Marcos Balby)

Toda manifestação de vida forma um grande tecido, que é a teia da vida, e toda essa unidade que
permeia a existência é formada pela união do yin e do
yang, duas polaridades que formam o Todo.

São dualidades, mas sem polaridades demar-
cadas, porque Yin contém Yang, Yang contém Yin,
sempre.

Equalizar essas energias dentro e fora de nós seria
o ideal de harmonia: ora ceder, ora impor limites; ora
iniciar, ora concluir; ora despertar, ora descansar, na
constante contração (receber) e expansão (entregar).
Se isso não acontece, o fluxo fica acelerado (yang) ou
contido (yin).

Para exemplificar, imagine os ritmos e sistemas
binários em nosso organismo como: respiração,
pulsação, hemisférios cerebrais, glóbulos brancos e
vermelhos, a imagem do DNA etc.

Se yang é o impulso de energia, yin é a consolida-
ção; se yang é dilatação, yin é a contração; se yang é

pergunta, yin é a resposta. E então fica claro que para toda ação (yang) existe uma reação (yin), e compreende-se o axioma de que é dando (yang) que se recebe (yin).

Porém, antes de yang ser manifestação, yin é o não manifesto. Portanto, a inspiração, a intuição e a espiritualidade podem ser consideradas yin em relação a yang.

Nossas inspirações (yin) precisam ser encarnadas (yang), e assim yin (res)surge, complementa. A percepção (yin) caminha um passo antes da mente (yang), que as ordena.

Nós temos essas dualidades dentro do nosso ser, a nossa totalidade é a manifestação do yin e do yang dentro da mesma pessoa, isso é a ausência total do ego, o processo de iluminação. As forças do yin e do yang polarizam a manifestações da função da energia vital em um movimento cíclico. O yin é o princípio feminino, a terra, a passividade, escuridão e absorção. O yang é o princípio masculino, o céu, a luz, a atividade.

Nossa cultura está baseada na dualidade e a sociedade fortalece isso, por exemplo: corpo e a mente, feminino e masculino, sagrado e profano, e assim vários conflitos são gerados, e uma dificuldade muito grande de as pessoas viverem uma vida em plenitude, sempre vai existir um conflito dentro delas por estar na polaridade.

Pela união de yin e yang gerou-se a vida, nós nascemos dessa união, com o fundir das polaridades temos o Um, é uma energia potente que gera saúde, vitalidade, fornece amor ao coração.

Quando duas pessoas estão em intimidade física de uma forma amorosa, todas as células dos seus corpos vibram um pouco mais rápido. Abre-se um portal para uma realidade energética de uma vibração ligeiramente mais alta e para um sentimento mais suave. Depois de uma relação sexual em que participa a totalidade do seu ser e a do seu parceiro(a), numa união completa entre o yin e o yang, vocês se sentem em paz e felizes ao mesmo tempo. Há um êxtase silencioso. As células dos seus corpos experimentaram a energia do amor e, nesse momento, trouxeram a realidade do Amor para mais perto de vocês. Vocês canalizaram a energia divina do Amor que deseja tão carinhosamente fluir através de vocês e que tem simplesmente o maior respeito pela sua natureza sexual.

Este é um ato de criação divina. É simplesmente natural que crianças nasçam de um ato desses. Quando a união do masculino e feminino é realizada desse modo tão prazeroso, ela só pode gerar coisas boas e agradáveis. Quando uma criança é concebida desse modo, ela entra no reino terreno através de um escorregador de amor e luz. Esta é a acolhida mais amorosa que uma alma pode ter na Terra.

O yang só pode funcionar bem com a cooperação do yin e o yin só pode crescer em presença do yang, assim diz no livro do Imperador Amarelo.

A energia yin tem conexão muito fácil com o coração, que é o chakra cardíaco, e é nessa energia que sentimos confiança, aceitamos o amor, aceitamos amar e ser amados. Aqui acontece a profunda aceitação de nós mesmos e a presença do amor nos relacionamentos – esta é a nossa natureza essencial. A energia yin se move para baixo; assim, para excitar essa energia, concentre-se no coração e na mente e a energia fluirá até o primeiro chakra. Já a energia yang move-se para cima, sobe o tronco; assim ela sai dos genitais, sobe e se abre no coração e na mente.

Quando um relacionamento é estabelecido pelos princípios da alma, a ideia de espiritualidade é conduzida através do reino físico. A união física é vista como sagrada, na qual as energias yin e yang são harmonizadas e trazidas para o êxtase; então cada parceiro pode definir qual energia escolherá para ativar o outro parceiro. Por exemplo, um homem pode usar sua energia yang do divino masculino para ativar o yin do divino feminino da sua parceira, sendo este o equilíbrio perfeito da união de almas gêmeas, independente do gênero, as relações sexuais devem ser baseadas no espírito.

Dentro do homem existe uma tendência para as qualidades femininas, e dentro da mulher também existe certa tendência às qualidades masculinas.

Alguns atributos do Yin-Yang

YANG vibra masculino; provedor; foco/individual; competitivo; prático; extrovertido; vontade; força; mental; solar; construtivo; rápido; aterrador (conectado); quente.

YIN vibra feminino; receptivo; sistêmico/global; cooperativo; detalhista; introspectivo; sabedoria;

resistência; intuitivo; lunar; instrutivo; paciência; oceânico (abrangente); frio.

O yang do homem e da mulher deve ser empreendedor, ativo e focado, mas sem perder o seu yin, que é sua sabedoria, globalidade e sensibilidade.

Esta interação é fator importante e se dá por relatividade, por isso, o movimento deve ser dinâmico, como uma dança, que oscila do ponto da nossa personalidade para com o ambiente, pessoas e situações. Se esse ritmo é harmônico, o ponto de equilíbrio se mantém. Se isso não ocorre, uma energia pode ocupar um espaço que não lhe é natural, havendo predomínio de uma sobre a outra (excesso), onde a vibração de yang será excessivamente acelerada ou de yin excessivamente contida, gerando deficiências e sobrecargas e não manifestando a potencialidade de cada uma, pois uma só se equilibra em função da outra, são antagônicas, porém interdependentes.

Em alguns excessos há um equilíbrio natural. Se, por exemplo, há muita atividade (yang), é normal que seja necessário dormir muito (yin); se uma pessoa está com predomínio de yang e não pratica atividades físicas, tende a ter insônia, ou seja, precisa gastar yang (energia) para dormir bem ou usar elementos calmantes para compensar.

As Emoções e os Sentimentos

"Não vamos esquecer que as emoções são
os grandes capitães de nossas vidas,
nós obedecemos-lhes sem nos apercebermos."

(Vincent van Gogh)

A palavra emoção vem do latim "emovere", onde *e* significa "fora" e *movere* significa "movimento". As emoções são experiências subjetivas que nos levam à ação. Elas nascem basicamente das nossas percepções diante do mundo, antes mesmo de que possamos pensar a respeito. Se percebermos algo como benéfico, sentimos emoções positivas; se percebermos algo como maléfico, elas são negativas.

Muitos comportamentos humanos dependem das emoções. Elas são fundamentais nas decisões que tomamos; geralmente são determinantes.

O medo, por exemplo, é uma emoção muito poderosa, por isso, é muito utilizado pelos meios de comunicação e como estratégia política. Da mesma forma, a vergonha e o orgulho são manipuláveis nos seres humanos.

As emoções são sensações corporais que nos invadem, sinalizam algo bom, prazeroso, ruim e também nos advertem sobre um perigo e mostram como nos sentimos ou como reagimos a determinadas situações. Por isso, devem ser aceitas e tratadas como necessidades básicas que devem ser ouvidas e respeitadas. O que está errado não é sentir as emoções e expressá-las, mas a pessoa não se sentir autorizada a sentir esses conteúdos.

São desencadeadas por fatos.

Acontecem acompanhadas de reações orgânicas do corpo (suor ou choro, por exemplo).

São direcionadas para o exterior e têm relação com a comunicação, pois expressam algo.

Muitas vezes são intensas e de duração curta.

É possível definir o que desencadeou a emoção.

Expressar as emoções e saber receber e aceitar os sentimentos é muito importante para aprender a lidar com eles.

Algumas pessoas podem pensar em não expressar suas emoções e sentimentos por achar que são ruins ou por receio de não serem respeitadas e validadas socialmente.

Infelizmente, não temos uma cultura de valorização dos afetos. Inclusive as emoções e os sentimentos sempre foram colocados em um plano de não expressão e até de não aceitação.

A razão sempre foi mais valorizada socialmente e a expressão das emoções eram tidas como excessos e falta de controle. Sabemos que não existe hierarquia entre pensamentos e emoções. Ambos são importantes em nossas vidas.

A emoção é o estado afetivo intenso, muito complexo, proveniente da reação, ao mesmo tempo mental e orgânica, sob a influência de certas excitações internas ou externas. Na emoção existe forte influência dos instintos, e da não racionalidade.

O sentimento se distingue basicamente da emoção, por estar revestido de um número maior de elementos intelectuais e racionais. No sentimento já existe alguma elaboração no sentido do entendimento e da compreensão. No sentimento já acontece uma reflexão e aproximação do livre-arbítrio, da espiritualidade e da racionalidade ou evolução humana. São influenciados, principalmente, pelo histórico de cada indivíduo, o que inclui suas crenças e experiências vividas.

- São resultados das experiências emocionais dos indivíduos.
- Acontecem no íntimo de cada pessoa e não podem ser percebidos pelo mundo externo.
- São menos intensos que as emoções, mas possuem uma duração mais longa, podendo perdurar por toda a vida.
- Não têm uma causa imediata que pode ser definida.
- O sentimento é a maneira que interpretamos nossa emoção.

Enquanto as emoções se originam principalmente no sistema límbico e na parte mais primitiva do cérebro, os sentimentos pertencem ao lobo frontal. Isto é, os sentimentos são resultado do pensamento abstrato, enquanto as emoções são inatas e instintivas, geneticamente determinadas como resultado da evolução.

As emoções são caracterizadas principalmente por serem bastante imediatas; são o sistema de alarme e sobrevivência do organismo. Uma vez que tenhamos entendido o que aconteceu e por que nos sentimos de um jeito ou de outro, estamos falando de sentimentos e não de emoções. Os sentimentos têm sua origem na interpretação cerebral que fazemos dos eventos e sensações, enquanto as emoções têm sua origem na resposta do sistema nervoso simpático e parassimpático.

Para ter um sentimento, é necessário pensar sobre o que aconteceu (avaliar a emoção), refletir sobre como nos comportamos e, assim, começar a elaborá--lo – através disso teremos um sentimento presente.

A relação entre sentimento e emoção muitas vezes envolve centésimos de segundos. É fácil perceber a emoção quando o coração acelera, os músculos se contraem ou o ar parece faltar dos pulmões, quando você vê uma pessoa tendo uma emoção pode ver o que se passa em seu rosto, a pele pode mudar, os movimentos do corpo, o suor etc., mas o sentimento você não pode ver.

Os sentimentos são aquelas sensações que vão lá no fundo e que, se você não quiser, ninguém jamais vai saber. Quem passa por uma profunda tristeza, por exemplo, pode perfeitamente se comportar como se estivesse alegre, pode até tentar enganar a si mesmo, às vezes a pessoa já se enganou tanto que não percebe mais o sentimento guardado.

Existe um número finito ou máximo de emoções que podemos ter como animais humanos, mas não há um máximo de sentimentos.

As emoções nos levam às ilusões, às falsas expectativas, à distorção da realidade. Dessa forma, ficam comprometidos o discernimento e a capacidade de julgamento. Fica faltando a inspiração que nos enche da luz da evolução espiritual. Os sentimentos nos fazem superar, crescer, transbordar, expandir para a conquista da paz. Existem alguns sentimentos primordiais que fazem parte do ser humano:

Alegria é um sentimento. *Euforia, ansiedade, entusiasmo são* emoções. A alegria é considerada um sentimento fundamental, que surge a partir de determinados estímulos positivos do ambiente de convívio humano.

Ela talvez seja considerada o sentimento mais positivo, pois ela é capaz de expandir e contagiar a todos os que estiverem mais próximo. Ela pode ser vivenciada ao desfrutar de bons momentos da vida com prazer, seja sozinho ou com amigos, familiares etc.

Seus efeitos refletem sempre em impulsos fortalecedores e um elevado fluxo de energia geral, tendo como consequência uma tendência à aproximação física, como toques, abraços, entre outros. Ela é manifestada como confiança, determinação, segurança, harmonia e êxtase.

Já a euforia, ansiedade, entusiasmo, agitação são considerados emoções, pois geram desconfortos corporais, trazem uma alegria exagerada e muitas vezes projetada de forma irreal, isto é, existe uma expectativa que está além das perspectivas reais e que, quando não é atingida da forma imaginada, pode se tornar uma grande frustração.

A euforia é um contentamento pontual que vem de um acontecimento externo e não uma alegria genuína e permanente. É um sentimento de alegria excessiva, no qual a pessoa fica excitada continuamente sem dar atenção aos outros aspectos da sua vida. Os quadros associados a ela são a mania (estado de agitação e aumento da velocidade do pensamento) e a ansiedade. A pessoa apresenta labilidade emocional, expressão facial inadequada às situações, confusão mental, delírio, palpitações, insônia.

Na ansiedade, pensa-se constantemente no futuro, sem realizar nada no presente, isto é, no momento presente há apenas um turbilhão mental e monólogos interiores, não há absolutamente nenhuma criatividade, não se vê possibilidades concretas e as ideias são fixas em resultados e não em soluções.

O entusiasmo traz a alegria do momento somente, ele não permanece.

Tristeza é um sentimento. *Depressão* é emoção. A tristeza é inevitável em algumas situações da vida, mas ela pode ser vivenciada com a paz, porque acontece a compreensão de que tudo é passageiro e transitório, como também aprendizado. A tristeza também caracterizada como um sentimento fundamental, provoca sensações que são opostas a alegria, como baixa autoestima, solidão, depressão etc. Ela, quando não compreendida, pode se manifestar com emoções como: culpa, controle, possessividade, prostração, teimosia em não querer sair da situação, gera um senso de inutilidade, apatia, leva à depressão, desalento, falta de perspectiva e falta de prazer com a vida. As emoções associadas são a depressão e a timidez. Evolui com quietude, dispneia, cansaço, palidez, extremidades frias, indiferença, lombalgia, diminuição da libido. A pessoa não desfruta do presente por estar presa no passado, como se nunca pudesse ser feliz.

O mais comum é que se possa expressar a tristeza através de palavras e gestos, como chorar ou se excluir do meio social, para poder recuperar e estabilizar a energia.

O objetivo da tristeza é para lembrá-lo que algo foi perdido, que algo aconteceu que não lhe serve ou lhe provoca mal-estar. E é tarefa do sofredor fazer o trabalho mental de descobrir o que o incomoda. Deve ser vista como um estado temporário e útil. É normal ficar triste. Estar triste não é estar doente, nem ter uma depressão, nem ter se deixado vencer como almas derrotadas pelas dificuldades da vida. A tristeza é um sentimento, um estado de ânimo pontual, onde o mundo fica imobilizado para podermos entender a nós mesmos um pouco mais.

Medo é um sentimento. *Pânico* é emoção. Os medos são muitos e até servem como autoproteção, autopreservação ou alerta. Mas o medo constante, sem motivo aparente ou real, que paralisa, revela falta de lucidez e confiança. Às vezes, ele pode impedir qualquer ação que possa colocar a vida do ser humano em perigo, está ligado a uma possibilidade de ameaça ao organismo e prepara este para fugir do perigo. O medo é um estado de alerta, quando o indivíduo está sob tensão, porém, o permanente estado de medo pode gerar estresse e deixar o indivíduo paralisado. Está relacionado à sobrevivência e se manifesta com emoções como: timidez, covardia, insegurança, pessoas caladas, paralisadas por medo de cometer erros, julgamento excessivo de si e dos outros.

Entretanto o medo também ensina a ter respeito e limite nas atitudes, além de motivar os indivíduos a superar essa limitação.

Os pensamentos de medo são gerados na mesma região do cérebro que geram a coragem, a determinação e a firmeza, porém, no polo oposto.

Quando há medo, os centros emocionais disparam hormônios, o sangue vai para os músculos do esqueleto, impulsionando-o a correr, fugir. A sociedade desvaloriza o medo, pois é visto como um sinal primário de submissão.

O medo excessivo é um sentimento crônico e contínuo, associado à submissão, humilhação e impotência, onde a pessoa se sente ameaçada e é incapaz de reagir. Manifesta-se com quadros como perda do controle esfincteriano, perda de força nas pernas, falta de memória, desinteresse, envelhecimento precoce, perda de cabelos, lombalgia, fraqueza dos joelhos, dos dentes, zumbidos e emagrecimento. O pavor é um sentimento agudo e muito intenso de medo, de curta duração, mas que ocupa todo o espaço psíquico da pessoa, e está associado ao susto e ao choque. E pânico é o pavor associado a distúrbios da mente, manifesta-se com disfunção dos esfíncteres interiores, sudorese fria, palpitações, fraqueza nas pernas, paralisia súbita, perda da fala, tremores.

Quando temos dificuldade para respirar, é fácil entrar em pânico. Fisiologicamente, quanto mais entramos em pânico, mais as nossas vias aéreas se contraem, levando a um círculo vicioso. Pelo fato de a respiração ser tão intimamente ligada, tanto ao sistema nervoso involuntário, quanto voluntário, os nossos esforços conscientes para respirar podem interferir com a sua função autônoma natural. É bom estar atento de que esses pensamentos são apenas pensamentos. A realidade é que, se as funções cardíacas estão saudáveis, a falta de ar não é um prenúncio de uma parada cardíaca. Deve-se ter um aprendizado com isso tudo, olhar para o interior, respirar, buscar o centro e aprender a dominar a emoção.

Raiva é um sentimento. Ódio é emoção. É humano expressamos o sentimento de raiva, até como um posicionamento, um discernimento. Mas este sentimento deve ser rápido, passageiro, o tempo de aprender como transformá-lo em atitudes realizadoras, oportunidades do exercício da paciência, tolerância e compreensão. A raiva é acionada quando o ser humano necessita de energia para superar obstáculos ou ameaças à sua vida. Pode se manifestar como emoções de ciúmes, irritabilidade, revolta, ressentimento, inveja, intriga, obsessão por algo ou alguém, reações como revolta, indignação, ira, ódio isolamento por se frustrar com os demais, a pessoa pode se transformar em vítima ou mártir.

Ela funciona como uma reação instintiva ou abrupta ao primeiro sinal de ameaça, podendo ter reações como movimentos violentos de ataque ou de defesa. Quando os ataques de raiva são excessivamente intensos ou repetidos, causam dano ao paciente, e às vezes esses sentimentos podem não ser tão abruptos nem tão intensos, mas são contínuos e provocam doença. Os sintomas relacionados à raiva e seus sentimentos associados são bloqueios e espasmos, principalmente musculares, em locais como a mandíbula e o trapézio, agitação psicomotora, palpitações, insônia, vermelhidão facial, hipertensão arterial, cefaleia, assim como fadiga e dificuldade de concentração.

Amor é um sentimento. *Paixão* é emoção. O Amor anima e liberta, está ligado diretamente ao estado da afetividade e também aos sentimentos, podendo ser definido como uma intensa afeição por outra pessoa ou por algo, ligado às relações sociais e/ou físicas. É um sentimento estável e sereno, fácil de ser controlado. Sabemos que o amor de verdade é algo que nos faz muito bem, nos faz ver a vida com novos olhos, a vida se torna mais leve e tornamo-nos sonhadores, a alegria nos invade e permanece em nós. É um sentimento em que não há descontrole, algo estável, não há momentos de euforia e outros de queda, permanecemos amando de forma estável, um sentimento que nós dominamos, que não nos torna escravos dele, mas podemos controlá-lo de forma serena e tranquila.

A paixão é uma emoção extremamente intensa, que domina a atividade psíquica como um todo, captando e dirigindo a atenção e interesse do indivíduo em uma só direção. Domina os nossos pensamentos, chega de surpresa e nos arrebata, de forma turbulenta e que muitas vezes chega de forma sofrida, portanto, a paixão realmente chega a nos tirar a paz, sentimos uma grande euforia em um dia, mas logo no outro podemos não sentir absolutamente nada. É algo muito passageiro, não é estável como o amor, a paixão não nos deixa pensar em mais nada além daquilo. Não é algo controlável, perdemos o senso das coisas e o foco também, assim ela age de forma turbulenta, fazendo--nos sofrer muito às vezes, pois, além de não conseguir controlá-la, acabamos nos culpando se não der certo, acreditamos que somente podemos ser felizes se essa paixão for correspondida, e nem sempre isso acontece.

Conforme discutido acima, as emoções e sentimentos estão conosco e é possível controlá-los. Para tal, será necessária prática, paciência e acima de tudo autoconhecimento. Este é o primeiro passo: se conhecer. Se alguma situação faz você "perder o controle", pense em qual sentimento está envolvido nesta situação. Mas o caminho, como vimos acima, não é justificar suas ações com tais sentimentos.

Os sentimentos são internos e precisamos entendê-los para melhor lidar com eles. Mas as ações provocadas pelas emoções são atos voluntários. Em algum momento você decide se grita, bate, foge, conversa, sorri, abraça, respira etc. As suas emoções não podem controlar isso e essa decisão será sua. Você é dono de suas emoções e sentimentos, e não o contrário.

Não se justifique! As justificativas servem apenas para dizer a nós mesmos que está tudo bem agir daquela forma. Portanto, responsabilize-se pelas reações que você tem tido nas situações do cotidiano e aprenda com suas emoções. Não pense que "no calor do momento" não é possível agir diferente. Se o momento está quente, espere esfriar. Se você está com raiva, inseguro ou ansioso, pense racionalmente sobre o assunto. Pare um pouco, espere as reações físicas passarem, porque elas vão passar. Exercite suas emoções, pratique e veja a situação sobre outro ângulo. Isso não quer dizer que você nunca mais sentirá raiva ou que não deveria sentir, mas apenas que você terá mais controle sobre si e poderá decidir qual a melhor reação diante de determinada situação.

Alcançamos um ponto de equilíbrio quando somos capazes de perceber o que sentimos, não com o propósito de nos defendermos desses sentimentos, mas com a intenção de canalizá-los positivamente. Isso quer dizer que, se eu sentir medo, a melhor opção é reconhecer, explorar e transformá-lo em uma força a meu favor.

A respiração é a forma mais poderosa à nossa disposição para nutrir e fortalecer a transformação das emoções em sentimentos positivos e afetividade. Os orientais dominam esse conhecimento e fazem uso dele há milênios. Bons exemplos são os exercícios de alongamento, equilíbrio e respiração do yoga, e a entoação dos mantras. Por meio da respiração, é possível entrar rapidamente em contato com o nosso interior, observar nossas emoções por uma ótica mais clara e oxigenada e, dessa maneira, administrá-las; discernir, fazer escolhas e tomar decisões com mais facilidade; eliminar os gases ácidos na expiração, para alcalinizar mente e corpo; alterar a frequência das ondas cerebrais e desacelerar a mente, para senti-la de outra maneira, mais desacelerada e pacífica, assim transformamos nossas emoções impetuosas em sentimentos de compreensão e pacíficos. Precisamos manter alinhados o nosso corpo, mente e espírito com aquilo que desejamos. Pesquisas realizadas nos Estados Unidos apresentaram que a mente influencia a capacidade elétrica do nosso corpo. Constatou-se que atitudes mentais, tais como ansiedade, raiva, irritação e ódio, podem causar danos em nosso corpo físico através de manifestação de doenças. Se substituirmos essas emoções por alegria, aumentaremos a nossa autoestima, teremos mais autoconfiança, estimularemos a criatividade e a espontaneidade, rejuvenesceremos o espírito relaxando o corpo e ainda minimizaremos os problemas.

O pensar produz vibrações. Essas vibrações são levadas através dos neurônios até a estação central do corpo humano, dentro do cérebro. Aqui as vibrações são colocadas na corrente e enviadas através de nervos e canais de energia para todo o corpo, penetrando nos diversos órgãos.

Essa energia do pensamento é enviada para todo o corpo através de pequenas aberturas da pele (existem de 7 a 9 milhões, conforme o tamanho do indivíduo). À proporção que essa energia vibratória passa pelo corpo, muda sua constituição química. Todas as substâncias químicas resultam de uma só substância e tomam suas diferenciações das variáveis ou diferentes vibrações. A única diferença entre o oxigênio e o chumbo ou entre o hidrogênio e o sal é a diferença de sua vibração.

A energia, assim produzida pela vibração dos neurônios na massa cinzenta do cérebro, toma a forma de acordo com a ideia conservada na mente e pode ser transferida pelas mãos a uma placa sensível e pode até ser fotografada. Existe uma máquina que tira fotos da aura humana, são chamadas de foto Kirlian. Nessas fotografias podemos comprovar a existência desses pensamentos transformados em padrões vibratórios. Dependendo de quais neurônios são estimulados, certas conexões ficam mais fortes e eficientes, enquanto outras enfraquecem. A alegria é a que mais potencializa essas conexões. Segundo endocrinologistas e neurocientistas, podemos encontrar a felicidade a partir de quatro substâncias químicas naturais do corpo humano, neurotransmissores conhecidos como o "quarteto da felicidade": endorfina, serotonina, dopamina e ocitocina. Quando o seu cérebro emite uma dessas químicas, você se sente bem.

As endorfinas agem como uma espécie de analgésico, mascarando a dor física. Alimentos picantes podem ser um dos fatores que desencadeiam a liberação da substância nos neurônios, assim como dançar, cantar e realizar atividades em equipe.

A serotonina é liberada ao praticar atividades físicas, como corrida, ciclismo e exercícios aeróbicos. A ausência do neurotransmissor está ligada ao sentimento de solidão e depressão. Outra forma para melhorar os níveis da substância é recordar momentos felizes, como conversar com amigos, receber mensagens e rever fotos antigas.

A dopamina é responsável pela libido, essa substância é conhecida como a mediadora do prazer. Baixos níveis de dopamina fazem com que pessoas e outros animais sejam menos propensos a trabalhar para um propósito. A dopamina está mais relacionada à motivação do que ao prazer final. Para elevar seus níveis, os especialistas recomendam definir metas de curto prazo, mesmo para situações básicas do cotidiano, como encontrar uma vaga para estacionar o carro, ou dividir metas mais longas para que sejam, aos poucos, alcançadas e celebradas.

A ocitocina está relacionada ao comportamento e ao vínculo social, tanto físico quanto emocional. Os níveis dessa substância podem ser elevados até mesmo com um simples abraço. A ligação social é essencial para a sobrevivência das espécies, uma vez que favorece a reprodução, proteção contra predadores e mudanças ambientais, além de promover o desenvolvimento do cérebro, permitindo a construção da confiança para estabelecer um vínculo emocional saudável.

Esses pensamentos criam as nossas emoções. Quando você está sob influência de alguma emoção, isso muda a forma como você interpreta certas coisas e até como age. Se alguém disser algo para você e você estiver num estado de grande alegria, você vai interpretar de uma forma positiva. Já se você estiver num estado de medo aterrorizante, você vai interpretar de uma forma completamente diferente.

Nos dias atuais, somos manipulados pela mídia, pelo governo e até mesmo durante nossa formação acadêmica para nos sentirmos inseguros, de modo que o medo passa a ter a função de nos aprisionar. O medo limita as pessoas muito mais que qualquer outra coisa em suas vidas, muito além do que você pode imaginar. Ele deve ser um aprendizado e não um fator limitante em nossas vidas. Se você aprender a dominar seu medo, estará dando o primeiro passo para dominar sua vida.

Da mesma forma, um pensamento de raiva ou ódio produz vibrações que coagulam o sangue ou o deixam mais densos e com toxinas, desenvolvendo venenos um tanto semelhante aos encontrados na bolsa venenosa dos répteis.

Por outro lado, o amor e a alegria desenvolvidos na consciência humana produzem um elixir de vida, que rejuvenesce e conserva jovem qualquer um que queira viver continuamente nesse estado. Quando nos tornamos conscientes, o cérebro é reconstruído. Quando desenvolvemos nossa alegria, damos espaço para o amor se manifestar. Os filamentos que se ligam aos neurônios se tornam mais sensitivos e não só o indivíduo se conserva mais jovem como também tem um cérebro novo e sensitivo, como um cérebro de uma criança, um cérebro que é capaz de responder toda classe de pensamentos e de comentar com inteligência qualquer assunto. O desenvolvimento da capacidade de se alegrar e manifestar o amor nos torna cada vez mais jovens.

É do amor alegre que nasce a vida e é por isso que tudo existe. A felicidade é o fundamento dos mundos e a fonte de todos os seres viventes. Um estado elevado dentro de um padrão de alegria e amorosidade fecha os olhos às imperfeições da humanidade só para ver suas qualidades. Esse é o caminho mais puro, mais divino e mais elevado para a reiteração no absoluto.

A alegria é um princípio essencial do ser, é inerente ao ser humano, como um gerador de vida, penetra em todas as coisas dando um sentimento de plenitude e satisfação interior, prazer de viver, júbilo, satisfação e contentamento, se manifesta com sorrisos e faz os olhos brilharem. Ela deve nascer na alma e ser da alma, deve ser contagiante e trazer felicidade à vida. O sentimento mais profundo que podemos experimentar é uma sensação mística. A ciência não explica esse sentimento, para ela é estranho, porém aquela pessoa que não sabe ser tomada de admiração nem se perder no êxtase é uma pessoa morta. Isso existe, está no cerne de nosso ser, temos que nos libertar das prisões de crenças e limitações, para alargar nosso círculo de beleza e sentimentos místicos tão profundos, que talvez nunca havíamos tomado consciência que podíamos senti-lo.

A Energia do Coração

"Quando tomamos decisões pequenas,
é vantajoso analisar os prós e os contras.
Nos assuntos vitais, a decisão deve vir do inconsciente,
de um lugar recôndito em nosso interior."

(Sigmund Freud)

Dentro do coração existe um pequeno cérebro, um sistema nervoso independente, com aproximadamente 40.000 neurônios, o cérebro do coração. Esse complexo neuronal é gerador de uma inteligência própria, diferenciada e altamente intuitiva, que processa informações e envia sinais para o cérebro, em seu sistema límbico e neocórtex, a parte do cérebro responsável pelo raciocínio e pensamento. Os batimentos cardíacos são gerados a partir do interior do próprio coração, não precisando de uma ligação com o cérebro para continuar a bater.

Além disso, o coração tem um sistema de neurônios que, ao serem enviados sinais ao cérebro, podem afetar as nossas experiências emocionais. Durante o desenvolvimento fetal, o coração começa a bater antes que o cérebro se desenvolva. Ainda, as ondas cerebrais de uma mãe podem sincronizar-se com os batimentos cardíacos de seu bebê. O coração envia mais informações para o cérebro do que vice-versa. O campo elétrico do coração é de 40 a 60 vezes superior ao campo elétrico gerado pelo cérebro. Registros já mostram também que o seu campo magnético é de 4.000 a 5.000 vezes mais potente que o do cérebro, e podem ser medidos até 3 metros de distância do corpo.

Se uma pessoa está com sentimentos positivos como gratidão, amor ou apreciação, o coração gera um grande campo eletromagnético. Essas emoções positivas criam benefícios fisiológicos em seu corpo, impulsionando o sistema imunológico.

O coração possui talentos e características próprias, que ultrapassam a nossa capacidade racional de compreensão e abrem caminho para uma atuação pessoal e profissional mais criativa, produtiva e saudável. Dispomos hoje de provas científicas de que o coração nos envia sinais emocionais e intuitivos para nos ajudar a governar a nossa vida. Em vez de simplesmente bombear sangue, o coração dirige e promove o alinhamento de muitos sistemas do corpo, de modo a fazer com que funcionem em harmonia uns com os outros.

Todos estão familiarizados com expressões como "ponha o seu coração nisso", "aprenda com o coração" e outras similares. Elas sugerem um conhecimento implícito de que o coração é mais que uma simples bomba física, que mantém a vida. Tais expressões refletem o que é frequentemente conhecido como coração intuitivo ou espiritual.

O coração espiritual é de certa forma um pouco como um gerador inteligente, que de forma invisível nos conecta a uma grande rede de informações. É através de uma energia invisível emitida pelo coração que liga profundamente os seres humanos a todas as coisas vivas. A energia do coração, literalmente, nos liga uns aos outros. O coração de cada pessoa contribui para um ambiente coletivo de mais amor. O campo energético do coração é o mesmo que nos conecta com a própria terra.

Quando aprendemos a mudar nossas emoções, estamos mudando o campo eletromagnético que irradiamos pelo coração. Isso pode impactar aqueles que nos rodeiam. É por isso que é importante para o ser humano mudar a forma como se sente por dentro. Pouco pode ser feito a partir da tristeza, angústia e depressão. A experiência humana já percebeu que viver o estilo de vida que temos, lutando para pagar contas e vendo a vida como um peso árduo, não é um tipo natural de existência. E não precisa ser assim.

Emoções positivas, os sentimentos de amor, alegria, felicidade, gratidão, compaixão têm um impacto maior do que podemos imaginar. Essas emoções são características da consciência e, como a física quântica está nos mostrando, a consciência desempenha um papel na criação da nossa realidade.

Nós podemos mudar a nossa forma de sentir apenas mudando nossos pensamentos. As emoções negativas sobre uma pessoa, um lugar ou certa experiência em nossas vidas ou o planeta são geralmente um resultado dos pensamentos que temos sobre eles. No final do dia, toda essa experiência humana está nos servindo, nos mostrando oportunidades de crescimento.

As pessoas se voltam para o coração espiritual, também conhecido como a voz interna, a alma, o poder superior ou a intuição, como uma fonte de sabedoria e de orientação.

Portanto, a intuição é transformadora e contém a sabedoria derivada do campo de informação superior da alma, através do coração energético, e pode influenciar as nossas experiências e interações. Isso é chamado de coração inteligente.

A inteligência cardíaca é o fluxo da percepção superior e da intuição que experimentamos quando a mente e os sentimentos são colocadas em alinhamento síncrono com o coração inteligente.

Quando estamos centrados no coração e em coerência cardíaca, nós temos um melhor acoplamento e alinhamento com a nossa fonte mais profunda de inteligência intuitiva. Nós somos capazes de autorregular, de maneira mais inteligente, nossos pensamentos e emoções e, no decorrer do tempo, isso eleva a consciência e estabelece uma nova base interna fisiológica e psicofisiológica.

Em outras palavras, há um maior fluxo de informação intuitiva, comunicado através do sistema energético emocional para o sistema mental e o cerebral, resultando numa conexão mais forte com nossa voz interior mais profunda.

As nossas percepções intuitivas revelam, com frequência, um melhor entendimento de nós mesmos, de outros, de determinadas questões e da vida, que anos de conhecimento acumulado. Elas são especialmente úteis para eliminar gastos desnecessários de energia, que esgotam nossas reservas internas, dificultando nossa autorregulação, e permitem estarmos no comando das nossas atitudes, emoções e comportamentos nas situações da nossa vida diária.

A intuição é tão natural quanto respirar, dormir ou comer. Todos nós temos intuição. Alguns de nós estão mais abertos a essa capacidade e conexão a informações mais elevadas do que outros, mas podemos todos aprofundar e desenvolver nossa intuição. Esse coração intuitivo significa a própria essência, o centro sem o qual não há mais nada. Não é de adivinhação que você tem que depender, mas sim de uma infalível intuição, ela nos faz avançar e prosseguir nos nossos aprendizados, nos ajuda a eliminar o ego e promover o nascimento e fortalecimento das virtudes para a alma, a intuição nos dá foco e atenção, auto-observação. É preciso que estejamos atentos a cada palavra, cada pensamento, cada ato e ação, tudo que se manifesta fora de nós através de nossas ações e dentro de nós através de nossos sentimentos e pensamentos, tudo isso é a nossa intuição, é um reflexo do que somos.

A intuição nos permite aumentar nossa capacidade de ir além de nossas reações e percepções automáticas. Ela nos ajuda a tomar decisões mais inteligentes, a partir de uma fonte mais profunda de sabedoria, inteligência e de discernimento equilibrado, em essência, de aumentar nossa consciência, felicidade e a qualidade das nossas experiências de vida. Isso aumenta a sincronia, melhora nossa criatividade e nossa capacidade de fluir pela vida. Isso também aumenta nossa capacidade de lidar com situações incômodas, como facilitar relacionamentos com pessoas difíceis e promover interação harmoniosa e conectividade com outras pessoas.

Preste atenção quando você receber a verdade. Cada um tem seu próprio jeito de fazer isso, alguns têm arrepios; alguns têm expansão ao redor do Coração e alguns vibram. Só você conhece a verdade. Não há certo ou errado; existem apenas escolhas diferentes. Algumas escolhas o expandem; outras o limitam. Sinta antes de escolher.

A energia fica continuamente mais forte quando o que está sendo falado ou feito é para você. Isso pode parecer excitante e ameaçador ao mesmo tempo. Fique firme no meio; não se ligando a nada. Seja o observador. Isso o movimenta. Esteja sempre ancorado no amor, mesmo quando estiver pensando negativamente, seu amor supera a negatividade e o alinha com a Fonte. Quando você está tendo pensamentos amorosos, isso empodera o amor que é emitido de dentro de você.

É essencial pôr em prática o amor. Aprofunde-se em tudo o que você experimenta. Isso inclui fazer isso com todos os seus sentidos. À medida que sua sensibilidade cresce, você se aprofunda em tudo o que diz, faz e sente e o que os outros dizem e fazem. Suas experiências serão mais ricas.

Primeiro, intua o que é expansivo para você e depois dê um passo nessa direção. Não precisa ser um passo enorme; até mesmo limpar uma gaveta move a energia na direção que você quer ir. Defina suas intenções nessa direção e alinhe sua intenção com a energia. Apenas sendo amor, você define o seu curso. Resista a se rotular. Em vez disso, faça uma lista de seus dons. Você não é um professor, um empata, um curador, uma mãe, um pai ou qualquer coisa; você é muito mais do que qualquer rótulo que você atribui a si mesmo. Os rótulos limitam; reconhecer os seus dons expande.

É importante prestar atenção ao seu próprio discernimento e não seguir qualquer coisa ou alguém que tende a lhe dizer como se sentir, agir ou pensar. Se você se sentir exausta e cansada, lembre-se de que você não é sua programação. Você não precisa se encaixar na ilusão de modelos de revistas ou mesmo nas ideias espirituais mais populares. Sinta o que ressoa dentro do seu coração e não preste atenção à conversa interna. Não há nós e eles; esta é a separação no seu nível mais baixo. Nós somos todos Um.

Quando você desenvolve a alegria e o amor, você evolui. Quando você fica no momento e está atento, você evolui, te ajuda a ficar no coração e isso acalma a mente. É verdadeiramente transformadora essa força.

Nós mudamos nossa energia pela consciência que temos interiormente. Nós atraímos e expandimos ou resistimos e limitamos nossa energia. Nós sentimos os outros e que energia eles emitem. Quando usamos nossa intuição; nosso sentimento; nós somos guiados. Quando ignoramos nossa intuição, muitas vezes sentimos ansiedade e medo.

A intuição é a faísca, ou porta de entrada, para o conhecimento superior e para uma vida plena, fluente, sem esforço e pacífica. Todos os dias somos bombardeados por uma avalanche de informações, demandas e pressões que esmagam nossa vastidão em uma pequena realidade. Essa poluição de dados e sobrecarga de informação prejudica nossa intuição. Agora, mais do que nunca, precisamos dessa capacidade inata para nos guiar. Quanto mais perdidos estamos no ritmo da vida moderna, mais precisamos dessa âncora. A intuição é uma consciência instintiva. Na verdade, a intuição é algo misterioso e curioso, um pouco além da descrição. Quando você está sintonizado com a sua intuição, você tem uma compreensão inconsciente e um conhecimento sutil, e você é capaz de ver o quadro maior, ou ver o significado das coisas. É sensorial, não realmente um funcionamento cognitivo. A intuição está sentindo significado nas coisas, tendo uma compreensão de conceitos e conexões além do conhecimento cotidiano.

"A intuição não é uma forma única de saber — é nossa capacidade de manter espaço para a incerteza e nossa disposição de confiar nas muitas maneiras pelas quais desenvolvemos conhecimento e *insight*, incluindo instinto, experiência, fé e razão."

(Brene Brown)

Causa das Doenças

"Nem sempre posso controlar o que se passa fora.
Mas posso sempre controlar o que se passa dentro. "

(Wayne Dyer)

A doença é um estado do corpo resultante de um desvio de funções normais de seus tecidos e das operações necessárias à vida orgânica. É necessário conhecermos como é formado o corpo e como é seu estado normal para podermos saber se estamos em uma condição doentia ou não.

Partindo do ponto mais inferior, vemos que o corpo físico é feito de um grande número de pequenas vidas individuais, que os físicos chamam de átomos. Esses átomos se agrupam e formam moléculas. Um átomo dessas moléculas reunidas forma uma complexa vida individual chamada de célula. A reunião de certo número de células forma um órgão, tecido etc., e a combinação dos necessários músculos, tecidos, órgãos, ossos e fluídos forma uma massa ou corpo que tem um grau comum de vibração e uma forma.

Já pensou alguma vez como seu corpo conserva sua forma? Por que razão seus braços ou seus pés não caem em outra direção? Porque há um grau dominante de vibração em toda massa a qual conserva unida as diferentes partes do corpo. A terra conserva sua massa pela lei da gravidade em um tom vibratório que conserva num todo, suas partes e componentes. Enquanto essa força vibratória continuar a agir sobre esse planeta, não poderá haver desintegração dele.

Da mesma forma cada pessoa tem sua própria lei pessoal, de gravidade ou vibração que conserva reunida todas as partes do seu corpo. Essa força magnética, lei pessoal, de gravidade ou de vibração de massa do corpo é a vibração do eu inferior.

O eu inferior dá ao corpo físico sua forma e é pela presença do eu ou mente inferior no corpo que as partículas que vêm de toda parte se agrupam na forma de homem físico.

Embora exista uma vibração da massa, cada órgão tem uma vibração individual. Não poderia, por exemplo, haver um órgão separado e distinto do resto do corpo. Suponhamos agora que o fígado, em vez de corresponder às vibrações da massa superior, começa a perdê-las gradualmente e adquire um grau inferior de vibração. Teríamos, então, um fígado que se chama entorpecido.

As doenças se manifestam quando a vibração de um órgão diminui principalmente pelo nosso emocional, sendo assim, este perde seu magnetismo em quantidade suficiente para lhe permitir a entrada de átomos estranhos que estabelecem ação livre.

Se esse estado não for corrigido, produzirá a desintegração do órgão todo. Essa diferença de vibração produzirá uma grande relaxação, grandes interstícios entre os átomos, nos quais penetram elementos estranhos, que ali estabelecem um desarmonioso organismo independente, como no caso da tuberculose, câncer ou tumores. Por exemplo: tomamos um resfriado qualquer, em 99% dos casos, os resfriados são contraídos quando as pessoas estão mentalmente negativas, a mente, em vez de ser positiva, em lugar de dominar sobre suas partículas físicas e de conservá-las contraídas em uma forma conveniente, se torna relaxada e negativa, perdendo assim suas forças. Por conseguinte, o corpo obedece a esse estado de relaxação e as moléculas se separam além do normal e entram os elementos estranhos que estabelecem uma atividade própria independente. A causa disso foi a relaxação e negatividade mental.

Muitos casos de perturbações do coração são diretamente provenientes do medo. A mente agindo sobre o corpo causa um fluxo irregular de sangue, o medo com sua concomitante perturbação do coração inicia uma vibração de um grau anormal e logo esse estado, que a principio era uma perturbação funcional, se torna uma doença orgânica. Muitas febres provêm do medo, e a primeira coisa que devemos fazer quando uma pessoa está sofrendo com febre é tirar-lhe o medo. Dessa maneira sua temperatura logo abaixará.

O corpo é a expressão da nossa alma. Quando sentimos algo internamente, o corpo manifesta isso e, às vezes, não dá nem para disfarçar. A verdade é que a medicina se divide em diferentes especialidades para ajudar os profissionais a focar melhor em determinadas questões físicas. No entanto, somos uma máquina que funciona como um todo – e não separadamente. Portanto, se queremos mesmo cuidar de alguma disfunção do corpo, precisamos entender a raiz desse problema – que geralmente vem de uma insatisfação ou desarmonia na vida e nas emoções. Podemos ficar doentes pelo enfraquecimento dos nossos pensamentos e emoções. Insatisfações, aborrecimentos constantes, pessimismo, baixa autoestima e falta de amor próprio podem enfraquecer nosso corpo, mudando sua vibração. Essas são as doenças causadas por nós mesmos, por situações e conflitos que não aceitamos ou que criamos com o nosso comportamento diante da vida.

Esse desequilíbrio pode ser causado por vários fatores. As causas de doença podem ser classificadas em três grupos: as doenças de origem externa (fatores climáticos), as doenças de origem interna, causadas pelas emoções excessivas ou persistentes, e um terceiro grupo de doenças chamadas nem internas nem externas, que inclui os traumatismos, os maus hábitos de vida, distúrbios da dieta, acidentes, entre outros.

Vamos tratar aqui dos fatores internos de adoecimento. Os fatores internos são talvez os mais importantes, também são conhecidos como fatores emocionais, pois se referem aos efeitos nocivos das emoções excessivas sobre os órgãos.

As emoções em si não são causadoras de doenças, pois são inerentes à natureza humana. É normal que as pessoas sintam uma variedade de emoções em diferentes circunstâncias, como também é normal que cada pessoa desenvolva mecanismos de defesa e compensação para reagir a essas emoções. Porém, quando as emoções são prolongadas, intensas, reprimidas ou não admitidas, afetam o equilíbrio interno do indivíduo, levando a uma alteração do fluxo de energia, gerando doenças. A doença não surge de uma hora para outra; é fruto de uma sucessão de experiências estressantes acompanhadas por uma fragilidade do mecanismo de proteção.

"Todo pensamento é uma causa, e toda condição é um efeito" (Joseph Murphy). A doença em si não existe! Saúde é o estado normal das pessoas. Muito das doenças são causadas apenas por nuvens de mau tempo dentro de nossa cabeça que perdura enquanto perdurar sua mágoa, seu ódio, seu medo, sua tristeza e seu estresse. As emoções devem ser apenas para aprendizado e evolução do ser humano, não para aprisionar e mantê-los doentes.

Nosso organismo não foi feito para guardar mágoas e sentimentos ruins. Tanto o corpo quanto a mente vão pesando na medida em que eles se acumulam e uma hora a panela de pressão explode na tentativa de aliviar o sofrimento. É um processo natural.

O grande problema é que na hora da explosão a pessoa se sente tão sufocada que sai atirando para todos os lados, magoando, sem perceber, as pessoas que estão ao seu redor. É preciso tempo e paciência para aprender a lidar com as emoções, sem ferir as pessoas e a si mesmo.

Colocamos no outro ou naquela oportunidade a responsabilidade de resolver nossos problemas como se eles não fossem consequências dos nossos próprios atos, daí a mágoa e o ressentimento.

Na medida em que não extravasamos esse sentimento e vamos dando a ele uma conotação negativa maior do que de fato ele deveria ter, sufocamos nossos limites emocionais, então aparecem os sintomas físicos. Todos nós criamos expectativas sobre a vida e toleramos até certo limite algumas frustrações. Quando elas extrapolam esse limite, que é pessoal, e nos fazem sofrer, significa que algo está em desequilíbrio e é preciso resolver.

O problema é que a maioria das pessoas acha que resolver os ressentimentos é resolver com o outro aquilo que está pendente, o que deve ser feito mesmo, porém, antes disso, é preciso entender o que de fato lhe fez mal e porque ganhou tamanha dimensão na sua vida para depois buscar o equilíbrio. Em geral, é um estado de falta de perdão consigo mesmo ou com o outro. Quando esse equilíbrio acontece, é como se a emoção tomasse outra forma, com mais compreensão desses processos naturais inerentes ao ser humano.

Quando começamos a compreender que o corpo não age sozinho, que ele apenas responde aos estímulos da mente, podemos desconsiderar as chamadas condições físicas desarmônicas e nos fixar apenas na verdade de que a vida sempre se expressa harmoniosamente, perfeitamente e eternamente como a divina ideia de corpo.

Joel Goldsmith nos ensina que a mente é o supremo poder e quando ela se acha bem desenvolvida pode curar todas as doenças. No decorrer do tempo, será a única força que o homem usará para conservar seu corpo em um estado mental normal, sadio e harmonioso. Enquanto não chegarmos a esse tempo, porém, não podemos negar que a suprema consciência forneceu aos seus filhos não desenvolvidos meios materiais para se aliviarem de seus males físicos.

Você pode estar se perguntando: "O que fazer para mudar essa situação?" "Como posso ser mais saudável?"

Que tal mudar seu comportamento perante a vida?

Que tal dar um olhar diferente para as situações que se apresentam a você?

Nunca desista de ser feliz!

Faz parte da vida "viver"!

E você pode, sim, mudar o que quiser!

Autoestima

"Quanto mais nos elevamos,
menores parecemos aos olhos daqueles
que não sabem voar."

(Friedrich Nietzsche)

Vivemos numa era em que as oportunidades acadêmicas e profissionais estão, mais do que nunca, ao alcance da maioria das mulheres e, no entanto, uma larga fatia da população feminina continua a sofrer com problemas de autoconfiança e autoestima. Mais do que nos homens, a autoestima das mulheres começa a sofrer logo na infância. As meninas aprendem a se vestir e a se comportar de forma a serem aceitas pelo grupo e para atrair a atenção dos rapazes. Se, ao longo do desenvolvimento emocional, as opiniões dos outros continuarem a dominar, elas aprendem a se adaptar aos gostos dos outros, perdendo a sua identidade. Este é meio caminho para uma vida de infelicidade, dificuldades profissionais e relacionais. É também uma das razões porque, genericamente, as mulheres são menos felizes do que os homens.

Uma mulher com a autoestima elevada tem consciência do que vale independentemente dos eventos por que passa. Compete a cada uma determinar os princípios que a norteiam e aquilo que dá sentido à sua vida, sendo absolutamente honesta consigo mesma. Isso implica se conhecer, gostar de si. Não importa o que os outros pensam – a autoestima é construída com base naquilo que cada pessoa pensa acerca de si mesma.

Às vezes esses pensamentos sobre si mesma constroem tijolos, que nos colocam em uma prisão espiritual, tentando limitar nossa vida, quando, na realidade, a vida não pode ser limitada!

Essa percepção não é determinada por comparações com terceiros nem depende da aprovação dos outros. É a satisfação pessoal, que não é baseada na beleza, no talento, na inteligência, no estatuto social ou na popularidade. Trata-se de ser capaz de dizer a si mesma "Eu tenho valor e mereço ser amada". O valor de uma pessoa não pode ser baseado na sua beleza ou naquilo que alcança ao longo da vida. E a prova é que há mulheres que são admiradas socialmente, que atingem o sucesso profissional e financeiro e, ainda assim, vivem com falta de autoestima.

Cuidar de sua autoestima vai muito além de visitar o cabeleireiro ou comprar aquela roupa nova. Aliás, estas nem são condições necessárias para o cultivo do amor próprio. É a estima que tenho por mim mesma, ou seja, o quanto me valorizo. O quanto me quero bem e me aceito.

O primeiro amor que precisamos desenvolver é por nós mesmas, mas é muito raro encontrar pessoas que são amistosas consigo mesmas. Nós aprendemos desde crianças a nos condenar, como se fosse errado nos amar, que precisamos amar os outros, mas como amar alguém se nós não nos amamos? Como se fosse necessário nos condenar porque somos pecadoras. É como se falássemos a uma árvore, não faça nada por si mesma, faça só pelos outros. Como teremos frutos?

Por causa dessas condenações a si próprio, os seres humanos e principalmente as mulheres perderam o brilho de si e começaram a sobreviver, em vez de viver, perderam o encanto por si mesmas. Acabaram olhando para o externo tentando buscar uma maneira de mudar o corpo, o cabelo, a roupa para se sentirem mais valorizadas, enquadrar em um padrão de beleza imposto pela sociedade e se esqueceram do interior, de se amarem em primeiro lugar, de se valorizarem como seres importantes que são.

Será que realmente sabemos o que é perfeição? A sociedade elegeu seu padrão, seremos tão vulneráveis a ponto de ir contra a natureza em nós?

O natural não é ser gorda ou magra, tudo deve estar em perfeito equilíbrio, inclusive o corpo.

Não é um corpo perfeito que atrai, e sim a energia da autoestima, o amor próprio que conquista o outro.

Para que a autoestima possa ser resgatada é preciso desenvolver esse amor próprio, não podemos nos amar diante de certas condições impostas por nós mesmas, temos que nos aceitar como somos, porque esse é o único modo que podemos ser. O Todo desejou que fôssemos assim. Aceite-se com profundidade, alegre-se. Se você se amar, a parte que considera feia desaparece, esse é o alicerce para uma vida com autoestima superior.

Manter a autoestima elevada é saber que, não importa o que aconteça, você ainda pode contar consigo mesma. É ter consciência de que você não é mais do que ninguém, mas ainda assim é um ser humano extremamente importante e que todas as suas falhas e qualidades são parte de você e devem ser amadas. Significa que todos os dias faremos um esforço para sermos quem somos e entender que você, assim como todas as pessoas que a rodeiam, merecem respeito.

O significado de manter a autoestima elevada é, principalmente, amar aquilo que se é incondicionalmente, respeitar e entender suas falhas, buscar aprimorá-las e se orgulhar do ser humano que você é e da identidade que se constrói a cada dia.

Temos que saber viver o presente. Saber viver o agora, tentar perceber o que sentimos e saber apreciar cada momento.

Nunca se esqueçam de uma coisa, o futuro só existe mediante as escolhas que fizermos hoje. Não adianta fazer escolhas em função do futuro, que ainda não aconteceu e nem sabemos se vai acontecer, nem em relação ao que nos aconteceu no passado, temos é de fazer escolhas em relação ao que sentimos hoje, agora.

No presente, a nossa energia está concentrada num único lugar ou situação. Nesse momento conseguimos perceber se estamos mentindo ou dizendo a verdade a nós próprios.

Sentindo o presente, conseguimos ter uma noção de tudo o que acontece. E a partir daí podemos então começar a tomar decisões e fazer as nossas escolhas, e a autoestima é uma questão de escolha. A escolha de conseguir fazer as coisas por nós, não pelo nosso ego, mas sim escolhas que são da alma, que nos elevam. Não queira ser outra pessoa. Valorize mais os pontos positivos que você possui. A autoaceitação consiste na liberdade de ser, de pensar e de agir, porém com consciência elevada. Com isso, controlamos melhor nossa própria vida, porque nos livramos da dependência doentia da consideração e aprovação alheias. Muitas são as mulheres que esperam as outras pessoas valorizarem nelas aquilo que nem elas próprias conseguem reconhecer em si. Mas o certo é que, quem se subestima sempre precisa de outro alguém ao seu lado para validar sua pessoa. E quando não obtém aquilo que suas expectativas anseiam acabam por se sentirem emocionalmente diminuídas.

O autoconhecimento é o passo inicial para a nossa mudança comportamental e muitas vezes fugimos dele. Geralmente não nos conhecemos. Por exemplo, se somos avarentas, dizemos que somos econômicas; se somos prepotentes, afirmamos que sabemos reconhecer nosso valor.

A partir do momento em que passamos a nos conhecer melhor, abre-se uma enorme estrada para nosso desenvolvimento. No entanto, a etapa seguinte ao nosso autoconhecimento é a mais difícil: é a fase em que precisamos ter atitudes que impliquem nosso desenvolvimento interior. E a mudança interior é nossa maior dificuldade. Não é uma das maiores dificuldades, é a maior dificuldade do ser humano. Portanto, o autoconhecimento é o primeiro passo, mas o fundamental é nossa atitude após nos autodescobrirmos.

Quando as mulheres se desconhecem, nem chegam a descobrir o que possuem de bom. Soterram suas qualidades interiores em prol das influências externas, tomando-as como o que há de "mais importante". Trocam a sua integridade espiritual por coisas efêmeras, que não lhes agregam nada existencialmente. Esta é a razão do colapso observado sobre a Terra atualmente, onde praticamente todos se tornam iguais, possuindo muito pouco de sólido e original.

Para nos conhecermos, o Budismo nos ensina que precisamos passar a ter, rotineiramente, dois procedimentos: 1) *atenção plena*: é a arte budista de observarmo-nos incansavelmente procurando dirigir os olhos para nós mesmas. Este é um hábito que para ser desenvolvido, exige esforço e grande força de vontade. 2) *Interiorização*: é o ato de enfrentarmos nosso mundo interior e de admitirmos para nós mesmas a natureza de nossos sentimentos, estudarmos nossas reações perante a vida.

Por exemplo: quando alguém nos chama de incompetente e sentimos vontade de estrangulá-lo, devemos perguntar a nós mesmas: "Se sei que não sou incompetente, por que senti tamanha raiva quando meu colega me chamou de incompetente?" ou "Se sei que não sou incompetente, por que senti raiva?" Agindo assim, estaremos nos dando oportunidade de estudar e conhecer o porquê de nossas reações, que é um importante passo para a mudança de comportamento. Os dois procedimentos acima (atenção plena e interiorização) levam-nos a adquirir o autoconhecimento, que é a base do desenvolvimento em todos os campos de nossa vida.

Autopiedade: quando alguém cede à tentação de se sentir uma coitadinha: é falta de bom senso; é não gostar de si mesma; é não querer evoluir; é desprezar--se enquanto ser vivente; é criar um ambiente ruim à sua volta; é criar condições para atrair vibrações negativas. O sentimento de autopiedade pode tornar doente fisicamente aquele que o alimenta. Uma espécie de invalidez psíquica envolve o ser e o leva a sentimentos inferiores e de incapacidade, levando a uma perda total de confiança em si próprio.

O sentimento de inferioridade ou de baixa autoestima deixa a mulher com uma resignação exagerada, um descuido das coisas pessoais. Quanto mais evoluída é a mulher, mais grata e feliz ela é. Quanto mais atrasada e negativa, mais ingrata e lamentadora ela é. Bom humor é evolução. Nosso maior inimigo somos nós mesmas, e por isso os filósofos gregos, há centenas de anos, já diziam: "Conhece-te a ti mesmo". Autoconhecimento é poder. Todo mundo deveria estudar a psicologia de si próprio, mas não apenas isto, pois é necessária uma abordagem holística, espiritual.

Somente alguém que se conhece pode proceder desse modo, fazendo da sua existência uma experiência rica em aprendizados. O autoconhecimento sempre agrega qualidades positivas à pessoa, desenvolvendo sua individualidade.

Há uma grande diferença entre individualidade e individualismo. A individualidade é algo saudável e necessário para que cada um se constitua como ser humano. O problema está no individualismo (egoísmo), que torna os seres humanos vidrados somente em suas necessidades.

O individualismo é praticado por pessoas que não se conhecem. Como não identificaram o seu verdadeiro Eu, seguem as diferentes tendências do mundo, tornando-se cruéis frente ao próximo. Já a individualidade está pautada no conhecimento que a pessoa tem de si mesma. Onde descobre suas qualidades interiores, bem como a sua verdadeira vontade, deixa de seguir cegamente as tendências externas, elegendo ela mesma as suas necessidades. Isso faz com que tenham um autêntico jeito de ser, agregando-lhe valores que reforçam a solidez do seu espírito.

Uma pessoa com a sua individualidade desenvolvida toma do mundo externo apenas aquilo que tem a ver com o seu jeito de ser. Desenvolve um critério apurado nas suas escolhas, que não lhe permite errar tão facilmente. Intuitivamente haverá de identificar facilmente o que lhe serve e o que não lhe serve, optando sempre por aquilo que lhe agrega valores, não apenas materialmente, mas espiritualmente antes de tudo, demonstrando assim o seu amadurecimento existencial.

Felizmente, é possível promover a autoestima e aumentar a capacidade de perceber as próprias habilidades e competências. À medida que a autoestima cresce, cresce também a criatividade, o amor, a saúde física e emocional e a resiliência (capacidade para se reerguer depois das adversidades).

O resgate da autoestima acontece quando você decide que só precisa ser quem você é. Você pode confrontar as opiniões, e não ficar presa a um único ponto de vista. Mas descobre que, se no passado era importante ouvir e respeitar as ordens dos adultos, hoje você pode ser dona de seu próprio destino. Passa a respeitar mais suas próprias ideias, porque, automaticamente, está se ouvindo mais. É por esta razão que pessoas que têm uma boa autoestima nunca se sentem sozinhas, pois solidão é a distância que se tem de si própria.

Entenda que você não veio a este mundo para corresponder às expectativas dos outros, por mais que você os ame. Se fizer isso, nunca será o "bastante", nunca sentirá que conseguiu. Você não é propriedade de ninguém, assim como não precisa mais assumir "o outro" como propriedade sua. Assumindo que você não é responsável pela felicidade alheia, também não responsabilizará ninguém pela sua própria felicidade. Os outros estão em sua vida para fazer companhia, e não para se aprisionarem emocionalmente.

Cultivando sua autoestima, será uma pessoa mais consciente, mais responsável por seus atos. Sentirá que está mais íntegra e que é alguém valiosa para si mesma. Perceberá que tem todo o direito de honrar suas necessidades e vontades que considerar importantes. Você é a sua grande companhia, e se entender isso poderá iniciar uma das melhores fases de sua vida.

O Poder Feminino

"Ela tem leveza nos gestos e movimentos,
suavidade e delicadeza nas palavras,
força e firmeza nas atitudes,
sem perder a essência
da alma feminina."

(Luiz Carlos Guglielmetti)

A figura feminina sempre será poderosa e deverá ser reverenciada. O feminino denota sensualidade, sensibilidade, sabedoria, tato, justiça e também o grande poder de gerar e dar a vida a um novo ser. Também possuem grande dose de vitalidade e energia. Desde o início da humanidade, em qualquer cultura que se pretende estudar, existem figuras sagradas representadas por grandes matriarcas e geradoras de vida. Afinal, o ato de gerar, parir, nutrir, amar e intuir pode ser considerado uma dádiva proporcionada às mulheres.

Para conquistar seu espaço e alcançar seus lugares, as mulheres precisaram se masculinizar, principalmente na profissão. Agora que as mulheres conquistaram seu espaço, existe uma dupla jornada: o espaço no trabalho e o espaço em casa, sem espaço para si próprias.

A mulher se perdeu no feminino a partir do momento em que acorda e sua agenda do dia já está toda organizada. Não encontra tempo para respirar. Ela não se permite sentir. Ela quer dar conta de tudo, mas sabe que não está em seu equilíbrio. Ela sente que o tempo está sempre curto, como se ela tivesse sempre a obrigação de ser veloz. Essa mulher está muito conectada ao masculino, sente um vazio e sabe que não está conseguindo ser preenchida. A mulher se tornar um ser racional não é um problema. O problema é ela ser só racional e perder o contato com sua intuição e sua voz interior.

O mundo foi se masculinizando. Foi um caminho que o mundo tomou e que não quer dizer que esse seja o melhor caminho. Também não devemos ficar numa guerra entre o masculino e o feminino, essa diferenciação não existe. Essas duas energias, masculino (yang) e feminino (yin), se complementam. Precisamos empoderar as mulheres, mas empoderar sutil e interiormente, da maneira mais forte e firme possível, alicerçada. Não é um empoderamento que faz guerra ou disputas, essa é a energia yang, é um empoderamento interior, é trazer à tona um mundo mais maternal, afetivo e artístico, além de menos racional e mais sensível. É se apossar da sua verdadeira força, que é única, que vem de dentro. Ambos precisam fazer uma conexão interna com seus próprios poderes masculinos e femininos. Essas energias devem estar juntas; elas são como as pás de uma hélice que são entrelaçadas entre si. Somente juntas elas podem crescer e florescer.

Supõe-se que a mulher deva encontrar seu verdadeiro valor na entrega de si mesma, na sua empatia e no cuidado para com os outros. Mas a energia feminina só pode fluir com seu verdadeiro poder se a mulher reivindicar sua autonomia, sua liberdade e sua independência no mundo, pois, se essa base de autonomia estiver faltando, as mulheres ficam enfraquecidas e não assumem a posição e poder no mundo aos quais teriam direito. O modelo tradicional para a mulher encobre sua mente aguçada e seu espírito de aventura. Elas precisam sair das religiões e crenças e aprender a se desvincular de padrões de beleza e regras preestabelecidas pela sociedade, descobrir como se amar exatamente como são e passar a se enxergar como verdadeiras "Deusas".

A mulher precisa entender que ela pode, sim, parir, que ela pode, sim, amar, viver plenamente com todas suas responsabilidades e respeitando seus limites, respeitando os seus momentos e seus ciclos.

A mulher tem vários ciclos femininos durante toda a vida e isso pode ser comparado à Lua, já que a Lua tem essa representação em suas passagens. Elas devem valorizar mais seus ciclos naturais, como a menstruação, a menopausa, a gestação, o parto e a amamentação. No entanto não precisam ser radicais ao viver esses períodos ou exercer determinadas funções. O valor está em aceitar a naturalidade das coisas, seu histórico de vida, vontades e capacidades, aprendendo a se conhecer de forma mais profunda e a aceitar os acontecimentos da vida e a si mesma, passando a ser mais felizes, amáveis e únicas.

Você descobre, então, que ser mulher não significa ter um parto natural, amamentar ou se sentir bem na própria pele quando está grávida. Na verdade, o objetivo é entender como você traz seu amor e feminilidade para todas essas fases da vida. Todos os ciclos são maravilhosos, mas depende do nosso olhar e perspectiva sobre eles; a mulher precisa olhar cada aspecto de sua vida de forma muito atenta e diferente, como se a vida tivesse sido colocada em um microscópio e tivéssemos acesso a detalhes e sutilezas que antes passavam despercebidas.

Na menopausa, a mulher deve despertar a deusa tão feminina que ela é. É um tempo de profunda introspecção e crescimento interior. Nas sociedades antigas, as mulheres idosas desfrutavam de privilégios e posições de destaque. Elas tinham responsabilidades nas decisões do conselho, eram escolhidas as mulheres pós-menopausa.

Com o patriarcado e a Inquisição, as mulheres, sábias, parteiras, curandeiras, rezadeiras, profetizas e advinhas, começaram a ser perseguidas e difamadas, sendo proibidas de exercer seus dons.

As mulheres que menstruam entram em contato com seu poder interior somente na fase menstrual, a mulher pós-menopausa tem acesso aos planos sutis permanentemente. A mulher, ao guardar seu sangue, se torna uma curadora, profetiza ou sacerdotisa. Era esse o dom que era reconhecido e respeitado antigamente, quando elas eram valorizadas como conselheiras, guardiãs, mestras na cura, oráculos dos ensinamentos para novas gerações.

A menopausa é o fim da fertilidade física, o sangue para de descer, porém, a energia começa a subir. É o início da fertilidade cósmica. As energias que antes eram direcionadas para atrair companheiros e gerar crianças ficam disponíveis para o serviço à humanidade e para a união com o divino. Nada impede que ela tenha uma sexualidade livre e prazerosa, já que isso está intimamente relacionado ao aspecto espiritual, que é um aspecto natural dessa fase na mulher, a alma passa a ser atraída pelo amor incondicional.

Com o conhecimento científico, a menstruação, a gravidez, o nascimento e a menopausa têm sido reduzidos às condições médicas. A magia, a beleza, o poder e a sabedoria de tudo isso foram perdidas. Temos que recuperar e honrar nossos corpos para o renascimento de toda a magia de ser mulher, o divertimento de estar presente em nossos corpos e o amor que pode ser compartilhado.

As variações hormonais da TPM (tensão pré-menstrual) proporcionam à mulher uma sensibilidade altamente aguçada que deve ser usada para seu autoconhecimento. Nesse período, a mulher é capaz de acessar conteúdos do seu inconsciente, de escutar sua intuição, de meditar e se voltar para sua espiritualidade. Por isso, nos períodos de TPM toda mulher deveria ficar em recolhimento, em silêncio, mais solitária para entrar em contato com seu Eu e suas sombras, a fim de serem aprimoradas. Por isso que a mulher que não aproveita este momento sagrado acaba tendo como efeito uma irritabilidade. Essa irritação demonstra a revolta interior de ter perdido mais um mês a oportunidade sagrada de ouvir seu coração. Na sociedade moderna, se a mulher tiver seu espaço para interiorização, ela se transformará em uma sacerdotisa sábia e serena; se ela não aproveitar esse momento, certamente a irritação explodirá como um vulcão.

A dor que a mulher sente às vésperas de sua menstruação, ou durante, representa seu estado emocional duro e yang. Ou seja, quando a mulher necessita substituir as tarefas pesadas de um homem, como preocupações exageradas com contas a pagar, ou quando se torna controladora, possessiva e autoritária. A mulher que vive sempre preocupada, mandando em tudo e em todos e se esquece de ser independente e livre para sua vida pessoal, sofre com cólicas menstruais. Seu inconsciente lhe avisa que está na hora de ser mais dócil e se permitir ser amada, encontrar a feminilidade, a doçura, a criatividade romântica, os sonhos acordados, a organização calma de uma família ou de uma empresa, os divertimentos de uma vida tranquila.

O feminino deve ser esse lugar que existe dentro da nossa própria essência e que se expande para todo o Universo. Está nas mínimas ações diárias que a mulher realiza. Está em tudo que diz respeito à natureza, à Mãe Terra, à Lua, às estrelas, às marés, aos ciclos da mulher, enfim, tudo está relacionado ao feminino.

O poder feminino refere-se a conexão e unificação; ele une as energias. A energia feminina abre-se para o exterior, a partir do coração, e acolhe com amor e ternura. De certa forma, a energia feminina carrega o Universo. Ela é a fonte da conexão, da Unicidade.

Sintam o poder dessa energia. Ela está presente em toda a diversidade que vocês enxergam ao seu redor: pessoas, animais, plantas. Através de tudo flui o Um: a mãe, a deusa, a energia conectiva e unificadora. As mulheres precisam resgatar seu sexto sentido, sua intuição, pois estão desperdiçando seu potencial. Como mulher, devem acreditar que potencializar a sua intuição é entrar em contato com a energia criativa, sexual e emocional de cada fase, com a sua espiritualidade. É acreditar no fluxo da vida, é saber que nada acontece por acaso, é saber orientar sem oprimir, cuidar sem tolher as escolhas, indicar caminhos sem puxar pela mão ou empurrar sem sugerir olhar para trás.

Mulheres têm o poder do mundo em suas mãos e sabem dividi-los nas porções exatas para cada um que necessitar ou requisitar sua ajuda. É preciso que busquemos constantemente esse poder ancestral e não deixemos que a tradição morra. Mulheres precisam ter consciência de que suas antepassadas foram tão sábias e capazes quanto elas são.

Trazer a energia feminina é uma força renovadora, o que permite a mulher entrar em contato profundo com seu interior, com seu útero e toda a ancestralidade que ela traz nesse órgão.

O retorno à essência feminina:

Primeiro Passo

O primeiro passo é encontrar o seu poder superior, a força cósmica universal, terrena, que está na essência de toda mulher. Libertar-se dos condicionamentos obstrutores, manipuladores e limitantes que levam a insatisfação e ao sofrimento e buscar o amor e a compaixão, para a realização do propósito superior da vida. Tudo isso é possível integrando os aspectos superiores deste poder indestrutível e ilimitado que é Divino Feminino.

Segundo Passo

O segundo passo é viver a experiência de amar sem depender de nenhuma pessoa para viver, afinal, o amor próprio deve vir em primeiro lugar. É através da estima por si mesma que o caminho de fusão pelo amor despertará todo o planeta. Sem essa energia inteligente ou poder interior do amor não há como conseguir energia vital e mental-espiritual para o despertar da sabedoria interior.

Terceiro Passo

Por fim, o terceiro passo é descobrir sua Deusa Interior e trazer características dela para sua relação. A Deusa Interior é o simbolismo da essência mais pura que existe em você. Ou seja, são as suas virtudes, suas belezas mais primitivas, a sua guerreira que sabe o que quer e é determinada nessa busca. É também não ter vergonha de ser você mesma, não se poupar por conta do que a sociedade pede que você seja.

Precisam integrar esses princípios para despertar para uma consciência mais plena e feliz! Só quando as mulheres conseguirem se enxergar umas nas outras é que conseguirão realmente influenciar a sociedade e o planeta. Quanto mais mulheres se mostrarem prontas para esse tipo de trabalho com o seu feminino, melhor para a humanidade e para os seres que vão nascer.

Útero – portal do sagrado feminino

"O ventre partilha do poder criador do universo
e é o nosso maior centro de Alegria, Amor e Poder."

(Inês Gaya)

O útero é o cálice ou taça sagrada, um templo da feminilidade integrada. É a porta de entrada para a verdadeira espiritualidade feminina, a conexão com sua alma e sua real vida. É a nossa ligação com a Mãe Terra, com seu poder, sabedoria e os seres que a protegem e a servem. É a nossa capacidade de receptividade, generosidade e reciprocidade com a energia e com as consciências superiores e terrenas, esse cálice sagrado é portador do fogo sagrado – como libertador da mulher, porém escravizado pela sociedade patriarcal.

Metafisicamente falando, o útero representa um importante referencial do ser vivo, a alma é a fonte da vida; sendo o útero o berço que embala a existência de um ser, ele representa a natureza íntima da mulher. O útero é o centro de energia onde pulsa o feminino, a criatividade e o amor, é no útero que nós, mulheres, guardamos toda nossa verdade essencial e o potencial de criação. Quando trabalhamos este órgão, passamos a nos aceitar com maior facilidade, aprendemos a nos amar verdadeiramente e começamos naturalmente a honrar nossas relações.

O útero e a vagina guardam todas as lembranças vividas pela mulher. É no útero e na vagina que são guardadas as memórias celulares de toda nossa vida, como: relações amorosas e todos os tipos de relações que construímos como com a nossa mãe, identidades pessoais, formas de amor e crenças, assim também o inconsciente coletivo e as sabedorias ancestrais que estão instaladas em nossa genética e ficam ali guardadas. Todos os bloqueios sexuais, de autoestima e amor ficam guardados no útero e no canal vaginal, tais como medos, emoções reprimidas, memórias de abuso, desconexão, repressão, padrões limitantes e crenças enraizadas. Portanto, a cura desses bloqueios todos começa pelos cuidados uterinos e vaginais. Esta técnica trata problemas físicos e emocionais, limpando memórias negativas que ficam registradas no útero.

As mulheres possuem útero, ovário (glândulas endócrinas), hormônios e taxas hormonais (diferentes dos homens), que são as manifestações de uma energia num nível mais sutil (que também é diferente dos homens). Essa energia-poder é como uma sabedoria própria, essencial, presente, porém esquecida, nas mulheres. Tal energia-poder-força só existe em latência e é muito inconsciente no homem.

Cito aqui o texto *"O útero – o portal do sagrado feminino ou cálice sagrado ou portador do fogo sagrado – como libertador da mulher, porém escravizado pela sociedade patriarcal"*, escrito pela jornalista Patricia Schleumer, onde diz que este momento que estamos vivendo, em que o mundo precisa do poder, da força feminina superior de amor, amor (e não apego) de mãe, de irmã, de companheira, de sacerdotisa, é necessário para nos reintegrar ao nosso útero, nossos ovários, eles são nosso mais essencial poder que nos inicia, nos sintoniza com o sagrado e com toda a sabedoria.

Mesmo que a mulher, por algum motivo de doença, precisou retirar o útero, sua essência, a base ainda está lá e precisa ser reconectada à consciência da mulher. O útero é o receptáculo, o sustentador do fogo sagrado que purifica, protege, transmuta a mulher, que assegura sua sintonia com os mundos da terra e do cosmos. A mulher é a única que possui um órgão capaz de ligá-la diretamente ao mundo divino! Porém, a grande maioria das mulheres não sabe o que realmente isso significa, pois a cultura espiritual religiosa patriarcal prendeu e escravizou o útero da mulher, impedindo inclusive que ela pudesse acreditar nessa sua sacralidade essencial. Com isso, ela se faz masculina, até mesmo quando resolve se voltar à vida espiritual.

Dentre os poucos conhecimentos que foram deixados das culturas ancestrais, temos alguns escritos que fazem a previsão de que esta época que estamos vivendo é uma época de grandes mudanças, que para uns pode significar uma vida mais livre, bem menos limitada à matéria, às emoções e à razão. A possibilidade de intuir, de reintegrar as capacidades de conexão com os demais mundos, além do material, é uma das melhores e maiores dádivas desta época. Porém para isso é necessário que o que se considera sombra seja encarada e transformada em luz; a luz não aparecerá sem encararmos os nossos medos, os apegos, as aversões, as indiferenças, os desejos egoístas, os autoenganos.

Graças, principalmente, aos mestres que aqui estiveram, alguns povos, grupos ou indivíduos que tinham guardado os resquícios de um tempo de onde espiritualidade e vida comum – ou seja, sagrado e profano – eram uma coisa só, puderam ter acesso a conhecimentos que poderiam levá-los a algo mais profundo e avançado. Porém, pouquíssimos, contados a dedo, conseguiram ter abertura, receptividade, vontade de servir divinamente e/ou consciência suficiente para realmente ir além.

A maior parte desses conhecimentos que se tornaram secretos (há mais de 12000 anos) é em relação à mulher ou à espiritualidade da mulher, que era uma coisa só. A palavra espiritualidade aqui se relaciona mais ao contato, à conexão e ao trabalho com o espiritual.

Nos tempos antigos, o que definia exatamente o feminino em relação ao masculino era o feminino estar ligado de forma direta e natural ao mundo não visível e, assim, estar relacionado ao interno, ao superior (porém não o Absoluto, mas o que liga ao Absoluto), mas também ao inferior e ao masculino, à matéria e à mente racional (que não tinha ainda grande desenvolvimento) e ao propósito. Quando se fala em mundo superior e inferior não quer dizer mundo do bem e mundo do mal. Nesses tempos não existia nenhuma dualidade.

Outra observação é que masculino e feminino não querem exatamente dizer homem e mulher, pois tanto no homem como na mulher essas duas polaridades aparecem, porém de forma inversa. O que se busca é a harmonia, o equilíbrio contínuo (antes, pela era matriarcal) e não da absorção de uma polaridade ou dominação (imposto pelo patriarcalismo). Não há mais espaço para a limitação ou má exploração de nenhuma das polaridades, é preciso que, agora, o feminino positivo, o poder e sabedoria do amor, se una ao masculino positivo, a vontade ou o propósito superior, para que nasça a compaixão entre os seres de todo o Universo. É esta a missão deste planeta neste momento: reintegrar o feminino, o poder interior (de amor, sabedoria) à vontade suprema de autorrealização! Para isso, é necessário, já que quem encarna o feminino é a mulher, refazer a conexão da mulher perdida.

A desconexão acabou por aprisionar o poder da mulher. O poder interior que a fazia intermediária entre o mundo dos humanos e o mundo dos deuses e o da Mãe Terra com os espíritos da natureza, e com isso serem auxiliadas e servidas por eles. Quando os poderes das mulheres começaram a ser usados para fins egoístas, individualistas, destrutivos, o mundo dos deuses e da Mãe Natureza não mais podia fazer da mulher seu intermediário, cortando o poder de conexão. Esse poder de conexão tinha como base o útero (e a ligação da pituitária com ele). A energia que antes ascendia agora seria perdida, assim como acontecia com o homem. Mas para a mulher isso não era o natural, a mulher seria então posta como inferior ao homem, e isso levou a toda a dominação ocorrida milênios depois, até hoje. As mulheres começaram a nascer com seus úteros escravizados energeticamente, sendo tais úteros, com o passar das gerações, materializados nessa escravidão, levando a mulher a perder fisicamente o seu poder.

Florinda Donner-Grau estudou os feiticeiros e feiticeiras da cultura tolteca e, em vez de apenas estudar a cultura desse grupo, para fins de mestrado, ela acabou se tornando parte deles, sendo iniciada nesse conhecimento.

Ela relata em seu livro que a base do conhecimento das feiticeiras era que a mulher foi escravizada e submetida cultural e emocionalmente aos homens, desde os tempos imemoriais, por causa de seu desconhecimento de funções mágicas do útero. Segundo elas, esse órgão é muito mais misterioso do que qualquer mulher contemporânea possa imaginar. Gerar filhos seria apenas uma dessas funções.

Gerar filhos não é destrutivo para a mulher, mas a forma de educá-los, a relação apegada – que muitas vezes é chamada de amor, mas onde a necessidade é mais biológica e emocional de ter filhos, não com um verdadeiro propósito divino; e, ainda, não experenciou uma vida espiritual, que também não é ir a uma igreja ou a um centro espiritualista –, tudo isso e outras muitas coisas é que realmente são destrutivas para a orientação ou ascendência da energia para evolução espiritual da mulher.

Outra citação de Florinda é que a mulher pode ter relação com um homem, mas precisa de determinados cuidados e um tipo de percepção diferenciada em relação a isso, também não deve transar e pensar em transar com todos os homens que sente atração e deve ter cuidado com os apegos sexuais, algo que culturalmente a mulher atual herdou da cultura masculina. Não é uma questão de moral, é de energia! Os homens também não deveriam ter esse comportamento pelos mesmos motivos.

A ideia de virgindade foi deturpada, pois a deusa ou mulher sagrada ou virgem seria aquela que vive além dos desejos e apegos, que está entregue à divindade ou à vida espiritual, que serve ao mundo superior. E a sua alma, está somente entregue ao divino, podendo viver uma vida normal, ter filhos, marido ou somente namorado ou trabalho etc. A diferença está na forma como ela percebe, sente, vivencia isso. Essa mulher é livre, mas totalmente espiritualizada, não é escrava das paixões, prendendo-se a um homem ou aos filhos, netos. Ela estará lá sempre presente quando eles realmente necessitarem dela, mas ela não vive a vida deles ou somente para eles – principalmente depois que os filhos já deveriam e podem ser independentes. Ela ama seus filhos e marido, se os tiver, mas os deixa livres, independentes dela e ela independente deles. Mas, como não é fácil realizar isso (aliás, nem é fácil compreender isso, gerando muitos mal-entendidos), acaba-se misturando e negligenciando um dos lados. Muitos mestres deixaram que se estabelecesse uma ideia mais rígida e limitada sobre isso. E daí se dá que a deusa Ísis, que tinha um par, Osíris, e um filho, Hórus, era chamada na origem de Virgem Mãe, assim como Maria (mãe do Cristo), que também chamamos de Virgem. Só uma mulher que ama, que é livre e de alma e espírito entregues, que serve a Consciência, pode ser divina, mãe, irmã, companheira e virgem.

Segundo Florinda, as mulheres que se conectavam com sua energia feminina possuíam poderes mágicos como: a capacidade de permanecer consciente durante os sonhos, bem como ampliar o leque de percepções visuais e físicas (algo obtido hoje somente com o uso de drogas).

Todos os males da mulher foram reduzidos ao que ela faz com seu útero, "fazer sexo e ter filhos se tornou uma espécie de panaceia universal para todos os problemas da mulher". Ao reduzir seus problemas ao universo sexual, a mulher acabou sendo encurralada e reduzida energeticamente na Terra.

Claro que isso está relacionado a certa escravização de seu útero, não só por sua própria escolha ou pela cultura e sociedade machista que a influencia, mas também por força energética que prende sua essência.

Somente mulheres com muita flexibilidade mental e vontade, livres das convencionalidades, das crenças, podem chegar a um conhecimento interno e reintegrar a energia para libertar a essência feminina.

Libido

"Permita sentir a chama da energia que
vem de dentro."

(Sabrine Figueredo)

A libido é a energia responsável pela alegria de
viver, autoestima, criatividade, prazer, felicidade, amor etc. Às vezes, as pessoas pensam que só está
relacionada ao sexo, mas é a energia que tudo move,
que mantém as coisas em seu movimento perfeito.
Todo terapeuta sabe que, em última análise, mais de
noventa por cento dos problemas de autoestima no
ser humano é diretamente relacionado com a libido.
Essa energia é a chave da felicidade. Podemos saber o
nível de autoestima de uma pessoa através da análise
de como está sua libido.

Muitos de nós temos uma ideia muito reducionista da libido: limitada à sua interpretação sexual.
Sigmund Freud, o pai da psicanálise, tratou esse
termo de maneira muito diferente. Quando Freud
falou sobre a libido, ele falou sobre um conceito que
vai muito além do que conhecemos hoje.

Isso nos mostra a amplitude do termo. Pensar
na libido como energia expande os campos além da

sexualidade. Nesse sentido, a teoria nos fala que é necessário pensar a libido como uma energia que está transitando em qualquer área (energia vital), e não especificamente na energia sexual.

Esse prazer, segundo Freud, vai muito além dos prazeres sexuais, por exemplo: o quanto nos divertimos ao sair com pessoas de que gostamos? O quanto sentimos prazer ao tomarmos um copo de água quando estamos sedentos? Ou quando provamos uma deliciosa sobremesa?

Freud descreveu a libido como a energia que vem de impulsos ou instintos que direcionam nosso comportamento.

A libido é a energia criativa do Universo e é uma das energias mais poderosas que existe para criar e manipular a terceira dimensão. Toda a energia criativa de uma pessoa é expressa através da libido. Quando se fala de energia da libido, é uma manifestação da Natureza/Universo. Todos os chakras do corpo humano são, por consequência, um fluxo da libido.

É preciso dar vazão à libido e permitir que ela se expresse. Trazendo para a vida prática, a energia da alegria e bem-estar, não dependendo de coisas externas. Quem espera que a felicidade venha do entorno passará a vida esperando. É nesse ponto que é possível a tão almejada felicidade pessoal. A alegria, a prosperidade e tudo o mais que é bom.

A grande maioria das coisas realizamos com esforço, com ausência de prazer e sem satisfação. Cumprimos uma rotina sem-fim, sem a alegria de viver. Este é, na verdade, um cenário cada vez mais comum para muitas das mulheres. Por isso, é importante deixar a libido fluir para recuperar a energia e a alegria de viver.

Porém existem também aqueles momentos que são de felicidade e estão ligados ao nosso mundo interno, isso é libido! A contemplação da natureza, com toda sua perfeição. O apreciar de uma música, sentindo a vibração de cada nota como se fosse em nosso corpo. A doação verdadeira do nosso tempo, de coisas materiais, do nosso amor para quem necessitar, seja a pessoa que for e de onde for. Isso é estado interno e uma conquista que ninguém pode tirar de nós.

Em seguida, observe a sua capacidade de ouvir os sons de que gosta, de ver as paisagens que a inspiram, de cheirar, de tocar e de saborear tudo aquilo que faz você se sentir bem. Tome consciência do quão significativo tudo isso é na sua vida, e que está ao seu dispor e alcance.

Imaginarmos algo de que gostamos ou em que acreditamos libera a energia da libido, gera expectativas, nos faz criar uma forte ligação entre a realização de algo e a boa sensação que o nosso corpo registra nesse exato momento, e isso promove a felicidade.

Nesse estado, podemos dizer que nos sentimos motivadas para fazer coisas que façam acontecer aquilo que imaginamos e desejamos realizar. A visão de nós mesmas a sermos bem-sucedidas ou a realizar as tarefas que temos de fazer para obter o que tanto desejamos, funciona como um combustível que vai orientar a nossa energia na direção do objetivo traçado. Dessa forma, cria-se na mente o motivo para a ação.

São as ações a que nos propomos, alimentadas e impulsionadas pela energia da libido, que nos leva a sentirmo-nos confiantes, alegres e animadas para realizar o que é necessário para atingirmos os nossos objetivos.

No entanto, a libido às vezes fica estagnada, isto é, não segue seu fluxo natural. Isso ocorre quando há algum tipo de fixação que impede que tudo progrida como deveria. Por exemplo, se nos agarrarmos a algo, a algum compromisso, será muito difícil deixá-lo para trás para mergulharmos completamente na próxima fase.

No âmbito da psicologia, a libido é fundamental para entender o comportamento humano, porque o condiciona e é vista como a energia que direciona os instintos vitais.

Como não está ligada exclusivamente aos órgãos genitais, a libido pode ser direcionada em relação a uma pessoa, objeto, ao próprio corpo ou a uma atividade intelectual.

Reprimir a libido é criar doença para si mesma.

O Processo de Cura

"Quando uma mulher decide curar-se,
ela se transforma em uma obra de amor e compaixão,
já que não torna saudável somente a si própria,
mas também a toda a sua linhagem."

(Bert Hellinger)

N as últimas décadas, vem crescendo cada vez mais o foco pelas revivificações de tradições antigas, matriarcais, redescobrimento dos aspectos yin da natureza humana. Homens e mulheres trazem para a sua rotina diária qualidades que foram reverenciadas no passado. Após milênios de opressão e dominação do aspecto yang, masculino, patriarcal e autoritário, o feminino deve deixar o ostracismo e se tornar visível à luz dos dias atuais.

O que chamamos de patriarcado, a força de poder e repressão do feminino, está presente em nossos dias atuais e nós somos a união de uma grande rede de pessoas, os nossos ancestrais. Carregamos em nossos corpos físicos, mentais e energéticos histórias, dores, dramas, conflitos, questões, dificuldades, abusos, medos e crenças que fizeram parte da trajetória pessoal e familiar deles.

Hoje, muitas de nós, mulheres, também precisam abrir mão do masculino exacerbado (logo, distorcido) que nos levou a vestir inúmeras couraças, criando rigidez, clausura interior, repressão, autocobrança, opressão, culpa e incontáveis medos. Enquanto não integrarmos a força do feminino (energia yin), não será possível nos entregarmos à dança cósmica da impermanência, pois continuaremos apegados a fórmulas e padrões, que na direção contrária da diversidade da vida só criam mais isolamento e separação. Um planeta povoado de pessoas solitárias. Só com o poder do amor poderemos alcançar uma vivência plena do feminino pela mulher através da integração da força do yang masculino, essa é a plenitude perfeita.

Assim, reintegrar o feminino cabe a todos nós, independente do gênero e orientação sexual, pois somente quando fizermos as pazes com o feminino poderemos construir uma cultura de paz, garantindo não apenas a saúde da nossa sociedade em todos os níveis, mas o alcance de consciência mais elevada. Resgatar o feminino é nos dar a oportunidade de voltarmos ao Todo, à fonte de toda a existência.

O processo de reconhecimento, integração e autoidentificação com os aspectos femininos não é só necessário para as mulheres, mas também para os homens, como um caminho de fusão pelo amor, receptividade, que é a tônica desta nova era. Porém as mulheres precisam realizar isso antes, para fazer esse ancoramento dos poderes essenciais para o despertar de todo o planeta. Sem energia inteligente ou poder interior, não há como conseguir energia vital para o despertar da sabedoria interior. Nossa mente e nosso cérebro precisam integrar esses princípios para despertar para a consciência plena!

Integrar a feminilidade sagrada em todas os seus aspectos – o poder superior para se unir e impulsionar a masculinidade sagrada, que é a vontade-propósito superior, ancorando uma nova Consciência (superior) no planeta: que une o princípio feminino ao princípio masculino em toda sua luz.

Analisar a história de nossas mães, tias, avós, bisavós pode trazer à luz uma série de crenças e dificuldades que temos e para as quais não encontramos resposta. Pode colocar uma nova perspectiva à forma com que nos relacionamos com o masculino, em especial nossos parceiros e filhos, e às autoridades em geral. Pode explicar medos e dores que sentimos sem um motivo real. Pode mostrar que essa linhagem pede a cura e o encerramento de um comportamento nocivo ou um círculo vicioso de erros, para que eles não cheguem até as próximas gerações.

Vivemos em tempos privilegiados, em que cada vez temos mais acesso à informação e podemos nos posicionar com um pouco mais de facilidade que nossas ancestrais. Hoje, podemos pautar um caminho mais saudável e potencializador para as nossas descendentes, porque temos mais conhecimento e possibilidades de cura de séculos e séculos de abusos, humilhações, descasos, violência física e emocional, mandos e desmandos que nossas ancestrais sofreram. Podemos escolher um caminho mais leve e alegre.

Precisamos olhar profundamente para o que causa o sofrimento. Muitas pessoas pensam que a dor e o sofrimento caminham juntos. Isso não é necessário, e quando esse elo é quebrado as correntes que nos prendem deixam de existir. Perceba que quando o sofrimento acaba a cura começa. A dor é uma experiência. O sofrimento é o seu ponto de vista sobre ela. O jeito de sair do sofrimento nunca se dá através da negação da dor, mas através de sua aceitação. Envolva sua dor completamente, experimente sua dor totalmente, expresse seus sentimentos sobre ela honestamente, então expanda sua mente, pela imaginação, suas ideais sobre ela. Imagine que está tudo certo com essa dor. Imagine que é simplesmente parte da vida, e que é na resistência à dor que sofremos. Envolva, experimente, expresse, expanda, só assim ganhará consciência e cura, e fará mudanças em seu interior.

O que curamos em nós curamos no outro, o que curamos no outro curamos em nós. O efeito é circular e sem fim. O que vai vem. Você não pode curar algo em você sem que isso tenha um efeito salutar nos outros. É impossível. Do mesmo modo, você não pode curar algo no outro sem que isso tenha um efeito salutar em você. É impossível. Toda cura é universal.

Nesse trabalho de cura, temos de dar as costas para o mundo físico, assim como o vemos. Temos de lembrar que não fomos chamadas para curá-lo, para mudá-lo, para corrigi-lo ou salvá-lo; de perceber, antes de mais nada, que fazemos parte de um plano maior e que nós precisamos entrar em um equilíbrio, as forças yin e yang devem se tornar uma só. E, desse ponto elevado de consciência, nós olhamos, através do sentido espiritual.

Nunca é uma pessoa, e sim um estado de consciência, que cura, que regenera, que pinta, escreve ou compõe. Cada vez mais devemos nos tornar expectadores ou testemunhas de todos os processos, inclusive dos processos de cura. Temos de ser observadoras da vida e sua alegria. A cada manhã temos de acordar ansiosas para ver um novo dia que revela e desdobra, a cada hora, novas alegrias e vitórias. Diversas vezes por dia temos de perceber conscientemente que estamos testemunhando a revelação da vida, o desdobramento da consciência e de suas infinitas manifestações. Em cada situação do nosso dia a dia, temos que aprender a ficar por trás de nós mesmas e ver a ação do amor acontecer. Isso é cura!

O amor fortalece o organismo, ele é o nosso maior escudo para a saúde e para a paz, pois a frequência vibratória do amor está muito acima dos outros sentimentos ou emoções. Amar humanamente é integrar-se aos outros seres. O amor vê a essência de todas as pessoas e não sente paixão nem posse. Acredite, você pode curar-se de dor ou de doença com seu próprio amor que vive escondido num pedacinho do seu coração. Esse amor não tem limites e não pode ser destruído por nada, apenas pode ser escondido, temporariamente, pela ilusão de sua mente. Sinta-se mais segura agora e descanse suas ansiedades e medos, pois o amor está sempre dentro de você, esperando que um dia você o faça brotar espontaneamente proporcionando-lhe uma existência plena de alegria.

Esse sentimento é a origem da sua vida, da sua saúde, da sua inteligência, você o manifesta na proporção em que adquire consciência dessas qualidades, tal elemento ou princípio é o Todo, e por consequência você é livre, isto é, o Todo não te governa nem fabrica leis para reprimi-la. É você mesma que faz as suas próprias leis e se deixa governar por elas. Esse princípio Divino é a fonte de sua vida, porém é você quem decide o modo pelo qual deve manifestá-lo. Somente você poderá encontrar alívio pela sua identificação consciente com a causa de toda existência, não existe outro meio nem outro caminho, pois não há outra fonte de vida. Essa identificação se realiza pela contemplação silenciosa do ideal Divino, aquele que habita em você.

Permita que a compaixão verdadeira abra o caminho para a verdadeira Unidade com o Criador. Essa simples mudança no seu relacionamento com o Todo pode mudar o mundo da noite para o dia. Uma emoção não controlada põe a perder a oportunidade de viver um milagre! Uma emoção fragilizada, desequilibrada, interfere nos relacionamentos pessoais, impedindo a mulher de encontrar esse equilíbrio interno.

As mulheres deste mundo, que são conscientes de sua alma, vivem uma vida interior de alegria, de contentamento e felicidade, e uma vida exterior em completa harmonia consigo mesmas e com o resto do mundo dos homens, dos animais e das coisas. Estão sintonizadas com seus poderes da alma, e isso constitui sua unificação com toda a criação. Se a grande maioria das mulheres alcançasse esse nível, não teríamos sofrimentos, guerras nem dores.

A verdadeira cura acontece quando as mulheres se voltam umas para as outras. Onde reaprendemos que, quando uma cai, todas caem. Portanto, quando uma se fortalece, todas se fortalecem. Quando uma desperta, ela ajuda a outra a despertar. Quando busco minhas asas e meu poder feminino, naturalmente, mostro para a outra, que ela também pode. Quando uma mulher se torna verdadeiramente livre, todas as outras sabem que também podem ser livres. De verdade. Por isso, um dos primeiros passos é lembrar que uma mulher é o início de tudo e o fim de tudo. Que toda a cura que buscamos está em nós mulheres e também nas outras mulheres. Mulheres curam outras mulheres e curam o mundo.

A energia yin, quando desenvolvida, é amorosa, poderosa e iluminada, é inerente às mulheres. O efeito de uma mulher que ilumina sua graça interior pode iluminar cidades, países e milhares de pessoas. Ou até mesmo o mundo, como disse Yogi Bhajan: "Um toque, um sorriso da mulher pode curar o mundo."

A feminilidade sagrada é uma expressão natural da mulher, é o caminho, a ponte para o despertar da masculinidade sagrada e assim a geração da "androgenidade" sagrada (a harmonia entre o princípio feminino e masculino), presente na Consciência Superior Plena, como um equilíbrio dinâmico.

Tudo isso em equilíbrio nos dá uma aura agradável, atrativa, vitalizadora, que serve de escudo e que nos conduz a todo bem que merecemos. Se conseguirmos vibrar nesse estado em unicidade, estaremos próximas da consciência Divina e levaremos todos a esse consciência.

A cura se dá através do reencontro com a essência feminina, nutrindo a autoestima e a autoconfiança;

equilibrando as dimensões racional, sensível e prática/material da alma feminina; fortalecendo o acesso à intuição e à inteligência emocional; despertando na mulher a conexão com sua espiritualidade feminina natural. A mulher é a que manifesta a energia yin neste mundo, é a ela que o convite é feito. Precisamos trazer essa essência para fora, precisamos de mais amor!

Esse estado de Mulher-Deusa já está em você, basta você se empoderar de si mesma e expressar sua luz para o mundo.

Seu Eu Superior

"Quando uma criatura humana *desperta* para
um grande *sonho*
e sobre ele lança toda a força de sua alma,
todo o *Universo conspira* a seu favor."

(Goethe)

O seu Eu Superior é o seu eu real, a consciência da alma que é muito mais do que a forma física que você conhece tão bem.

O seu Eu Superior é a sua parte ilimitada e eterna, que te excita com inspiração, guia você com intuição e lhe ensina por meio de *insights*. Suas intenções, desejos e seus segredos são bem conhecidos por seu Eu Superior.

O nosso Eu Superior nada mais é do que tudo o que existe de belo, puro, perfeito, divino e sábio. É, portanto, a energia divina que nos habita.

Resumindo, o seu Eu Superior ou Espírito é uma energia que sabe o que vai fazer você feliz na vida. Quando você se conectar com seus próprios objetivos superiores, seu propósito e sua missão na vida tornam-se muito mais claros, isso lhe permitirá romper o andar em círculos e experimentar a viagem em espiral em direção a sua própria evolução espiritual.

Junto com a descoberta do seu Eu Superior e mais sagrado, vem um conhecimento interior que provavelmente descreve melhor esse aspecto invisível e misterioso de nós mesmos, descobrir seu Eu Superior é o cerne de uma vida espiritual e é a chave para uma consciência mais elevada.

Muitas pessoas acreditam que a espiritualidade é algo que se encontra fora de si e que tem de procurar em um edifício, em um refúgio na montanha ou em alguma organização. O Eu Superior, a parte invisível de si mesmo, nada mais é do que a presença de Deus dentro de você, profundamente dentro de cada um de nós, é aquela centelha divina de onde viemos.

Para entender seu Eu Superior, devemos compreender a Unidade, ou seja, tudo está conectado. Em todos os níveis do Universo, desde as bactérias até as estrelas distantes, de alguma forma, de alguma maneira, eles estão conectados. Se você imaginar que o Universo inteiro está ligado por ramos ou raízes de energia, os nossos Eus Superiores são a raiz que se estende para todo o Universo e nos conecta com tudo.

Então, precisamos sentir essa conexão com tudo e com todos, para o nosso corpo estar no momento certo no lugar certo, a fim de tocar a música em harmonia com a natureza. Só precisamos ter certeza dessa conexão. Quando dirigimos nossa atenção e ouvimos a voz da nossa intuição, começamos a receber energia de alta frequência e sentir o entusiasmo em relação às coisas que fazemos, isso é conexão. Conectar-se ao seu Eu Superior lhe dá energia para alcançar o sucesso na vida, manter-se saudável e se sentir feliz mais vezes durante o dia. A vida em cooperação com o seu espírito lhe dá a sensação de propósito e você terá uma chance de viver uma vida muito mais significativa e alegre.

Quando você se reconectar com seu Eu Superior, você se reconectará com sua fonte. A consciência superior é uma consciência espiritual que transcende as limitações da física, simplesmente porque não se limita ao mundo físico de percepções, este mundo infinito estará disponível para você só quando você começar a viver a partir do seu Eu Superior.

E como você pode se comunicar diretamente com esse Eu Superior que nos habita, para que você possa viver uma vida mais conectada?

Prestando atenção ao momento presente, acalmando a mente, abrindo o coração e se permitindo expressar todo esse potencial, tudo isso envolve dedicação e disciplina. Quanto mais interiorizado estiver, mais enriquecedor será o contato com a fonte direta do seu ser.

Assim, antes mesmo de se conectar com ele, é preciso que você alinhe suas energias, harmonize seus pensamentos para "limpar" o caminho.

Você vai se acostumar facilmente a estabelecer essa conexão na sua rotina, desde que tenha comprometimento consigo mesma.

Fazer atividades que te tragam leveza e te façam sorrir, adquirir o costume de identificar algo no seu dia para celebrar e realizar. Se estiver passando por algum momento mais delicado, faça algo que possa elevar sua vibração, seu Eu superior estará mais próximo de você, pronto para lhe passar as informações que desejar, desde que esteja na mesma faixa vibracional. Isso porque o Eu Superior não sabe se relacionar com o drama.

Você é um ser espiritual, você tem que simplesmente acalmar sua mente e olhar profundamente dentro de si mesmo para descobrir quem você realmente é.

Ir para o seu interior significa simplesmente estar com você mesma, ouvir a si mesma e seu Eu Superior, sentir a mente se acalmar e limpar a desordem, permitindo mais espaço para os pensamentos superiores se introduzirem no seu ser.

Como uma centelha do Ser Infinito, todo o Universo está dentro de vocês, porque o Universo foi criado dentro da consciência do Ser Infinito. A definição de "Ser Infinito" é: "consciência que engloba tudo". Nada pode estar fora de uma consciência abrangente, portanto, tudo deve estar dentro e, como um aspecto do Ser Infinito, o seu Eu Superior está dentro de vocês.

Quando eu e você temos uma espiritualidade bem definida, acessamos o nosso eu interior e trazemos de lá tudo que precisamos saber para continuar criando e buscando. É uma fonte inesgotável de conhecimento do próprio Ser.

Porque essa Terapia é Sagrada

"Quem experimenta a beleza está
em comunhão com o sagrado."

(Rubem Alves)

S agrado, do latim *sacrum*, refere-se a algo que me-
rece veneração ou respeito por ter uma associação
com uma divindade ou com objetos considerados
divinos.

Quando definimos que alguma coisa é sagrada,
tal é protegido, idolatrado, não pode ser tocado, nem
alterado, nem utilizado por mãos não autorizadas, é a
força majestosa, maravilhosa, imponente, fascinante.
O sagrado é tudo aquilo que queremos proteger
e não queremos trocar ou alterar. Definir algo como
sagrado tem com um fim a preservação e o cuidado.

Uma das características do sagrado é transcender,
este envolve ultrapassagem das aparências imediatas. É um sentimento de religar-se com o divino que
aflora isso tudo. É o caráter sagrado preexistente no
ser humano que provoca esse sentimento.

O ser humano, como ser inquieto e inacabado,
está em constante procura por aquilo que não possui.

Tanto na dimensão material, humana, afetiva, profissional e espiritual. Essa busca incessante está para alguns pensadores como uma experiência transcendental. Trata-se de uma busca orientada por experiências, por meio de um fenômeno que transcende a matéria.

Tem-se notado um novo comportamento humano, um novo modo de se relacionar e buscar aquilo que "lhe falta", uma nova forma de se abrir à experiência transcendental, diferentemente daquelas velhas certezas protegidas pelas instituições e asseguradas pelo modo doutrinário de administrar a experiência subjetiva de cada um.

Na vivência autêntica do Sagrado, o ser humano demonstra todas as certezas do sistema de crenças do passado e vivencia genuinamente a experiência transcendental. A satisfação dessa necessidade de ser pleno não se contenta com o que satisfaz os sentidos meramente intrínsecos. O desejo se desenvolve, a busca pela plenitude aumenta e a imaginação orienta todos os sentimentos para aquilo que está "além". Assim, na mais profunda e autêntica experiência, o ser humano vivencia a plena expressão do sagrado, que é a busca pelo próprio ser.

Todos somos especiais, únicos e sagrados. Cada um de nós possui algo irrepetível, algo que o outro não tem, algo que diferencia do resto. É uma demonstração do respeito que teve a criação com cada ser vivo, fazê-lo inigualável. Assim, tudo é sagrado, na sua absoluta exclusividade.

As ideias do "sagrado", "especial", do "único", estão intimamente relacionadas com uma atitude que desde sempre se revelou muito perigosa, no uso inadequado do ser humano. A busca pelo preenchimento do vazio existencial, busca de evolução, descobrir uma direção, ou melhor, um sentido mais amplo e profundo para suas vidas. Ficou claro que a desordem externa apela por uma ordem interna e superior. Assim, as experiências sagradas não se limitam exclusivamente ao campo religioso. Uma tarde em algum lugar de que você goste, um reencontro de amigos ou um café com pão de queijo num dia chuvoso podem ser sagrados.

A experiência do sagrado pode promover um salto quântico na consciência e esta fica altamente facilitada quando saímos dos dogmas que nos foram impostos ao longo da vida, ou mesmo quando saímos de uma fé cega, cujo nome por si só já diz. Essa técnica é inspirada pelo sagrado e reverencia o sagrado. Não deve ser desrespeitada ou denegrida. Essa experiência com o Sagrado deve suscitar integração, mudança de consciência, compromisso com a vida; uma transformação, promover um tipo de experiência diferenciada.

O seu dia a dia, depois desse tipo de percepção, passa a ser ininterruptamente sagrado. Não importa o modo como você se habilitou a entrar em contato com este livro, ou esta técnica, extremamente lúcido e consciente. O que vale é entrar em contato com a experiência do sagrado e tê-la em si para sempre, manifestando a alegria da alma.

Admiração, êxtase, fascinação, deslumbramento, atração, encantamento diante de pequenos ou grandes fenômenos da natureza, acontecimentos significativos, experiências humanas, relatos históricos. São todos dialetos pelos quais o Sagrado entra no cotidiano. Resgatar isso é espiritualizar e reencantar o mundo.

Chega-se ao invisível pelas realidades visíveis e sensíveis. Entrar em contato (toque da pele), com tato (respeito) com o que se sabe pela cabeça (conhecimento da técnica) e com os sentidos do corpo, com os sentimentos, é a forma de alcançar o sagrado, sinônimo de espiritualidade, a totalidade.

Buda disse: "a verdade é aquilo que funciona" – portanto, essa técnica da Terapia da Alegria Transcendente só irá funcionar se quem aplicá-la estiver conectado com o seu Eu Divino. É o reencontro com a essência do ser, com o seu Sagrado.

Alegria

"A alegria evita mil males e prolonga a vida."

(William Shakespeare)

A felicidade é uma função da consciência quando se está desperto, a infelicidade é a função de sua consciência quando você está dormindo. Quando toda a carga do passado for eliminada e você se encontrar limpa de condutas, julgamentos, crenças, você se tornará como um espelho e, então, seu espelho poderá refletir mais uma vez as árvores, o Sol, a areia, o mar e as estrelas. Quando você voltar a ter os olhos de uma criança, então com essa clareza é que você será feliz. Cristo disse: "em verdade vos digo que, se não vos tornardes como crianças, de modo algum entrareis no reino dos céus."

Apenas a brincadeira pode te tornar inteira e revela os dois lados de sua natureza de uma vez. O homem só brinca quando está num sentido completo do termo "ser humano", e ele só é um ser humano quando brinca. É ver tudo na vida como uma brincadeira. Tudo é uma dança. Não estou falando em banalizar a dor e o sofrimento que a vida traz para muitas pessoas, mas ver nossas vidas como um jogo perfeito de eventos que nos levam à alegria definitiva; todos os eventos levam à alegria definitiva, porque a alegria é uma outra palavra para evolução, e evolução é o processo que a vida É. Tudo que precisamos fazer é brincar bem, levar a vida simples como crianças!

Permitam-se acreditar e compreender que vocês, pessoalmente, carregam em seus circuitos uma alegria que faz parte do ser humano e cada vez que vocês estimulam isso, vibram em um nível mais elevado, e podem experimentar um êxtase que vem da alma.

A palavra que melhor exprime o estado do ser evoluído é a alegria. A alegria é um acordo perfeito que reina entre a pessoa espiritualizada, quer no seu exterior ou quer no seu interior. É um sentimento profundo que vem da vibração da alma, que está plena de realização por algo bom que aconteceu ou por algo bom que se conseguiu conquistar. É o sinônimo perfeito de felicidade!

Pratiquem mudar sua consciência física limitada e programação para permitir que a sua consciência divina, como seres divinos, acesse a alegria e felicidade repercutindo no campo coletivo. Cada vez que mudamos nosso padrão, elevamos a vibração de toda a energia do Universo.

São as suas crenças limitadas e a bagagem emocional que as mantêm trancadas na dor, vitimismo, doença e vendo a vida com muito pesar. Conforme buscam permanecer em uma frequência e vibração coerentes, vocês elevam sua consciência e suas experiências de vida, se tornam mais leves e com amplitudes de ser quem realmente são.

Pode surgir a sensação de admiração ou euforia. Essas experiências podem durar um breve período, todavia, à medida que vocês permitem que isso ocorra mais frequentemente, a sua conscientização de estar em um estado superior de alegria tornar-se-á mais fácil e vocês permanecerão nesse estado elevado por mais tempo.

Temos que viver todos os dias em momento de plenitude espiritual, onde você se sente plena internamente, ou seja, no mais profundo do seu coração e de sua consciência. Essa felicidade é espiritual, ela nasce do contato do ser humano consigo mesmo através do autoconhecimento. É aquela que nasce da busca do sentido da vida, deixa mais marcas que a felicidade corporal (um abraço, por exemplo). Quando percebemos um fato importante e sabemos agir de forma coerente, brota a felicidade, como uma forma de alegria interior que perdura um tempo. Isso também pode vir de momentos simples, como uma conversa com um amigo, a contemplação de uma paisagem, um café com alguém que você ama; é um desejo de parar o tempo e guardar sempre a perfeição de um instante em forma de agora.

As árvores são simplesmente felizes porque elas não podem ser infelizes. Sua felicidade não é a sua liberdade – elas são felizes porque é inerente à sua natureza, elas expressam quem são em sua essência. Elas não sabem como ser infelizes. Os pássaros cantando nas árvores, eles estão felizes! Não porque eles escolheram ser felizes – eles são simplesmente felizes porque eles não conhecem outra maneira de ser. Sua felicidade é simplesmente natural. Nós somos parte da natureza, somos a extensão de tudo isso, se toda a natureza pode expressar alegria, o ser humano também pode.

Não existe na natureza o repouso absoluto e tudo está em vibração de crescente alegria, desde o mais insignificante átomo, até o maior dos sóis. Tudo vibra e o tempo todo vemos a manifestação da alegria que vem do Todo. Quando as vibrações de alegria encontram em nosso corpo obstáculos à livre manifestação, passamos, então, para o estado do que se chama doença. Somos uma espécie de instrumento musical e as nossas vibrações se manifestam com ideias, sentimentos e emoções que sintetizam em nossos pensamentos. Colocando-se em harmonia com o seu interior você pode compreender os mistérios da natureza e sentir a ação direta do criador sobre sua alma, essa ação só será sentida se você estiver em um estado de felicidade.

Tantas religiões, condutas, terapias, técnicas que hoje conhecemos, todas porque muitas pessoas são infelizes. Uma pessoa feliz não precisa de nada, porque para uma pessoa feliz todo o Universo é um templo, toda a sua vida uma escolha, a sua existência é uma forma de manifestar a felicidade que vem da alma.

Tudo o que você faz com a felicidade é como se fosse o Criador se manifestando de dentro de você. Uma pessoa feliz simplesmente vem para ver o divino que está em toda parte. Você precisa de olhos felizes para vê-lo. Temos que desenvolver a nossa alegria e passar para o máximo de pessoas possíveis, pois quem tem alegria está em paz com o Universo, sente que a vida faz sentido. Pessoas alegres não são pessoas destituídas de problemas, mas pessoas que aprenderam a não supervalorizar seus problemas e aprenderam a enfrentá-los da forma correta. A verdadeira alegria nasce ao amanhecer, se alegra pelo simples fato de estar vivo, pelo privilégio de poder respirar mais um dia. Ela se faz presente até em meio às lutas da vida, porque alegria não é ausência de problemas ou de dor, mas a consciência de saber que podemos superá-los. As intercorrências fazem parte da nossa condição humana, a pessoa alegre é como se fosse um oceano, com tormentas na superfície e uma serenidade em sua profundidade.

Exercícios para Desenvolver a Alegria

1 Gratidão: Ter consciência e ser agradecido pelas coisas boas que acontecem. Qualquer momento é oportuno para o indivíduo que expressa gratidão. O leque para exercer gratidão é amplo: quando alguém nos fez bem ou por boas ações; gratidão pelas pessoas, pelos animais, pela natureza, por Deus; gratidão por estar vivo, ter saúde; enfim, inúmeras possibilidades, deve-se ancorar em agradecer a todos os momentos, tanto àqueles que trazem avidez (senso de prazer, bom, agradável) quanto aos que trazem aversão (julgamento, desprazer, ruim, desagradável).

2 Humor: As dramatizações do ego precisam ser recontextualizadas para comédia leve. Em vez de vivenciar o drama da vida do ego, assistir a si mesmo como uma comédia inocente e de censura livre, nada de enxergar sarcasmo ou sadismo da vida, tudo é divertido e animado como em um desenho inocente e divertido. Gostar de rir e trazer sorrisos a outras pessoas. Facilmente vê o lado positivo e alegre da vida. Difere-se das outras forças por ter uma concepção "mais divertida".

3 Autoestima: é a apreciação que cada um faz de si mesmo, sua capacidade de gostar de si, o caminho mais viável para uma autoavaliação positiva, é o autoconhecimento. Conhecer seu próprio Eu é fundamental, pois implica ter ciência de seus aspectos positivos e negativos e valorizar as virtudes encontradas. Esse diálogo interior requer um voltar-se para si mesmo, a determinação de empreender essa jornada rumo à essência do ser, deixando um pouco de lado o domínio do ego.

4 Não julgamento: Auto-observação, sem julgamento e condenação, colocar sua intenção em alterar a dualidade de percepção de "bom" *versus* "mau" para "mais preferível" versus "menos preferível". Em vez de julgar, comece a se aceitar com todas as suas imperfeições, todas as suas debilidades, todos os seus erros, todos os seus fracassos.

5 Abundância: é o resultado da atitude interna natural de abertura, sem pré-julgamentos ou conceitos preestabelecidos. Ela pode surgir na forma de dinheiro, relacionamento, conquista, paz interior, mas, independente de como a abundância se manifeste, a ideia é que esses efeitos são resultados espontâneos do despertar da alegria interior, eles não precisam ser procurados, todos são subprodutos do verdadeiro presente da vida.

6 Discernimento: discernir é compreender, ter uma mente receptiva ao novo e verdadeiro, capacidade de avaliar as coisas com bom senso e clareza, juízo; capacidade de compreender as situações. Sinônimo de critério, escolha, reflexão. O discernimento espiritual é um tipo de discernimento especial. É a capacidade para entender a influência espiritual que está por trás de alguma coisa.

7 **Aceitação:** A aceitação diante de um obstáculo é um pedido da alma para revelar um milagre e é atendido a partir do momento que você deixa seus posicionamentos de percepções parciais e seu ganho egoísta para a revelação da verdade.

8 **Apreciação da beleza:** Apreciação diária e constante da beleza, da excelência e da habilidade em vários setores da vida: natureza, arte ou ciência. Está ligada a algo maior que a própria pessoa. Além disso, a apreciação intensa pode ser acompanhada por admiração e reverência.

9 **Esperança:** Alguém que tem uma visão positiva e otimista do futuro. Acredita que as melhores coisas vão acontecer e, ao pensar assim, planeja e se esforça para alcançar os objetivos propostos. O planejamento gera ânimo e o resultado virá da dedicação.

10 **Espiritualidade:** A espiritualidade é encantadora e nobre. Uma pessoa que possui essa força apresenta crenças sólidas e coerentes sobre o propósito maior e o significado do Universo. A espiritualidade dá forma de ação e é fonte de conforto e alegria. A pessoa sabe seu lugar dentro da vida.

Experimentar a Alegria

"Às vezes ouço passar o vento;
e só de ouvir o vento passar,
vale a pena ter nascido."

(Fernando Pessoa)

N ós nos definimos neste plano por aquilo que possuímos e o que fazemos para ganhar a vida. Acreditamos que estamos separados do Criador, de tudo e de todos. Enquanto nós não formos UM com a Fonte, não podemos experimentar a unidade com o Todo. Acreditamos que este mundo é um lugar de escassez. Por isso, acreditamos que temos de lutar muito para o nosso bem-estar, porque não existe o suficiente para todos. Nós pensamos que a vida é uma competição com ganhadores e perdedores. Nós acreditamos que existem papéis para homens e mulheres. Homem sendo forte e lutador, mulher sendo sensível e fraca.

Isso vem mudando com a elevação do feminino nas últimas décadas, mas a verdadeira natureza do masculino e feminino ainda não foi compreendida com relação ao relacionamento, acreditamos que não podemos estar completos sem outra pessoa. Nós acreditamos que precisamos de alguém para nos fazer feliz e inteiro. Nós experimentamos a alegria em ocasiões muito raras. Em belas situações de tirar o fôlego, seja no contato com a natureza ou durante um estado de meditação profunda. Estes são os raros momentos que nos levam para o agora. Nós não percebemos que o único lugar real que devemos estar é no agora.

O nosso EU superior não está integrado no corpo físico porque não consegue lidar com a baixa densidade e frequência. Ele está conectado conosco através do nosso corpo espiritual, mas, quando nossos chakras estão bloqueados, dificilmente ele consegue chegar até nós. Isso cria a ilusão de que estamos separados da Fonte, pois não temos conhecimento da nossa verdadeira identidade, somos um ser espiritual em um corpo físico sofrendo de amnésia.

A ilusão da dualidade nos permite experimentar a luz e a escuridão, o bem e o mal, a alegria e o desespero, o melhor e o pior. Temos a opção de agir como santos ou demônios. E as escolhas que temos neste plano é: Amor ou medo. Luz ou escuridão. Alegria ou tristeza. Isso é o que o livre-arbítrio nos permite. Enquanto seguirmos escolhendo o medo, estamos repetindo as nossas experiências e padrões até entendermos que devemos escolher o amor através da alegria.

Quando aprendemos a escolher a alegria de forma permanente, levamos essa alegria ao mundo, o que aumenta a nossa frequência significativamente. Aprendemos a deixar o coração e a alma assumirem a liderança, transformando o ego em um auxiliar.

Aprendemos como as energias universais funcionam e como podemos criar a nossa realidade. Entendemos que tivemos o controle à nossa disposição o tempo todo, apenas não o enxergamos. Aprendemos que não existem vítimas ou carrascos, existem apenas professores cujas lições nos ajudam a crescer. Não precisamos esperar morrer para ir para a luz. Podemos fazer isso estando em um corpo humano. Quando o corpo físico está totalmente feliz, não existe nenhuma dor, não existe medo. Ele se transforma em um ser de abundância e do amor incondicional manifestado no físico. O nosso EU superior se integra ao nosso corpo físico e assume a nossa orientação. A alegria e a felicidade trazem um fluxo energético intenso de amor e você sente tudo leve e fácil.

Você saberá quando o seu EU superior está integrado, pois você não vai mais questionar nada, simplesmente confiará em sua jornada. Você não sentirá mais necessidade de interferir ou controlar nada, sabe que o Todo está no controle. Todas as suas ações serão baseadas no amor. É o plano da unidade, onde nos sentimos em conexão com tudo e todos ao nosso redor, através da energia da Fonte. A manifestação se tornará mais fácil e a vida que imaginamos é a nossa realidade, criamos o que nós pensamos.

Quando manifestamos alegria, tudo vem sem esforço porque redescobrimos o fluxo energético Universal que sempre nos orienta perfeitamente. Não existem limites. Vivemos em completa liberdade e autenticidade. Não levamos nada mais para o lado pessoal daqueles que não tenham atingido esse plano ainda. Nós não julgamos ou culpamos, mas amamos incondicionalmente, porque sabemos que todos são parte do Todo. Sabemos que não existe perigo, por isso sabemos que não existe necessidade de proteção. Não existe necessidade de posses ou *status*, já que não existe competição e nada para comparar. Tudo se torna uma partilha. Nós apenas somos. Amamos a nós mesmos e apreciamos a nossa individualidade como parte do Todo. Sabemos que nossas necessidades são sempre satisfeitas e somos sempre cuidados. A gratidão está sempre presente.

Sem dúvida os seus campos de pensamento e as vibrações emocionais se conectam e interagem com os campos de pensamento e vibrações emocionais dos demais. Sua consciência produz um efeito energético no campo quântico, e, portanto, em todas as coisas. Imaginem que a energia dos seus pensamentos/emoções cria um modelo ou projeto que é acrescentado, por assim dizer, ao banco de dados global. Lembrem-se de que a energia segue o pensamento. O que quer que vocês produzam vai acrescentar ao campo universal.

A alegria é o programa original do Criador que se encontra em seu estado perfeito e imaculado junto à Fonte. Ela está disponível a qualquer alma que a solicite para ser manifestada ao mundo. Fica ao nosso dispor o tempo todo.

Terapia da Alegria Transcendente (T. A. T.)

"Transcendência é a sublimação
imparcial da alma."

(Jackson Oliveira)

Alegria é diferente de júbilo, ela é sinônimo de ausência de sofrimento. Vem do latim *alacri (a* = "não" + *lacri* = "pranto", "lágrima", "choro"). Logo, significa um estado onde não há choro nem lágrima, ou seja, não existe dor ou sofrimento. É um estado de espírito natural do ser humano, quando está isento das influências externas, é como um bebê em repouso no útero da mãe, em seu estado original. Estado que a pessoa perde e se distancia à medida que vai se tornando cada vez mais suscetível às impressões que vêm de fora dela mesma.

Voltar a esse estado original, ou seja, readquirir a alegria começa com a realização de uma viagem para dentro de si mesma. Retornar ao centro, voltar ao ponto inicial e encontrar a fonte geradora do próprio ser. Isso se dá por meio da conscientização e controle dos processos físicos, mentais e emocionais.

A alegria que anima e a atenção que equilibra são atitudes básicas de uma existência em plenitude. São elas que nos capacitam para o exercício do cuidado, a mais perfeita forma de relação dos seres com eles mesmos, com os outros, com o mundo e com a sublime realidade que o transcende.

Ser feliz é viver em harmonia interior. Viver em harmonia interior significa estar de bem consigo mesma. Para estar de bem consigo mesma é preciso se conhecer, pois só nos conhecendo podemos nos gostar com sinceridade. Você gosta de quem não conhece? No máximo, podemos nos simpatizar por quem não conhecemos.

Um estado de alegria faz com que eu goste de mim, me aceite como eu sou e me perdoe pelos meus pequenos fracassos e equívocos que cometi no decorrer da vida. Permito me dizer "não sei" com serenidade, porque tenho autoconfiança, confio que serei capaz de dirigir a minha vida, confio que conseguirei, dentro do possível, resolver todos os problemas que a vida apresentar, eu assumo a responsabilidade sobre todas as minhas decisões e atitudes. É isso o que nos faz sentir realizadas e consequentemente verdadeiramente felizes, haja o que houver. Afinal a única pessoa que nos acompanha a vida inteira somos nós mesmas, portanto, precisamos conhecer quem nos acompanha bem de perto. E, quando nos conhecermos e aprendermos a nos respeitar, estaremos, então, sendo fiéis à nossa genuína natureza. A partir daí nos damos o direito legítimo à felicidade.

Temos uma biologia da mudança e temos uma ciência da transformação nos permitindo viver o extraordinário. Nossa tarefa é disparar e sustentar novos circuitos neurais por meio de pensamentos com frequência vibracional alta, como amor e alegria.

Ser divino espiritual é compreender que somos parte do Todo e ele é a consciência primordial de tudo o que existe. O criador do Universo. Em Física Quântica, chamamos de vácuo quântico, em religião chamamos de fé, alguns cientistas chamam de Matriz Divina. Tudo quer dizer a mesma coisa, somos energia, vibração e frequência ao mesmo tempo! Somos seres Divinos, cocriadores da nossa realidade. O universo transforma energia pura em elementos químicos (átomos) o tempo todo.

Tudo é feito por átomos. Ouro, diamantes, nosso cérebro, novos negócios, novos serviços, nossa cura, tudo tem fundamento atômico. Tudo vem da Energia Primordial que eu chamo de Deus, ou podemos reconhecer como uma alegria que transcende. Basta que soltemos as crenças limitadoras que dizem que só há uma solução para os problemas.

> "Os significativos problemas que temos não podem ser resolvidos no mesmo nível de pensamentos em que os criamos."
>
> (Albert Einstein)

Passo a Passo para a Prática

Experimentando a força

A força vital ou energia Chi tem sido sempre uma parte de nossas vidas, ela pode ser facilmente experimentada. Friccione suas mãos vigorosamente uma na outra por um minuto. Agora deixe-as separadas alguns centímetros uma da outra entre três centímetros a doze centímetros de distância, e veja como você sente a energia. Ela pode ser sentida como um formigamento, vibração, sensação de frio ou calor, ou como um campo magnético.

Quanto mais relaxada você estiver, mais fácil é sentir a energia fluindo quando ela passa pelas suas mãos. Não fique desencorajada se você não sente a energia logo no começo, pois ela nem sempre é sentida claramente, à medida que você for trabalhando você ficará mais consciente dela.

Ambiente

Quando aplicar a T. A. T., cuide que o aposento esteja confortável, calmo e tranquilo, silencioso e sossegado, com espaço suficiente para que se possa ter movimentos. Se possível, evite que ocorram fatos que provoquem distrações. Desligue o celular, retire animais. Esses são requisitos essenciais para que possa melhor se concentrar e conectar à energia da alegria transcendente.

De preferência é necessário um ambiente limpo e harmônico, com lençóis limpos na maca ou na cama, sem muitas coisas no ambiente, para não atrapalhar o relaxamento da paciente.

Como entretenimento e para ajudar o relaxamento, coloque uma música suave. A música em baixo volume é muito importante para ambientação e induzir ao relaxamento, quanto mais tranquilo a paciente estiver, melhor sua receptividade.

A terapeuta deve estar com as mãos limpas.

Vestimentas

A paciente deve tirar seus sapatos e meias para ficar mais confortável. Tirar tudo que possa lhe incomodar, como brincos, colares, cintos, relógios, chaves etc. A paciente deve ficar deitada de barriga para cima na cama ou na maca, com a cabeça apoiada em um travesseiro. Não é necessário se despir, e as mãos podem ser colocadas sobre a roupa.

Local de trabalho

Aplicar a técnica em uma maca constitui o meio mais confortável. A terapeuta consegue fazer as posições de maneira mais prática e relaxada sem sentir tensões físicas.

Quando escolher uma maca, certifique-se de que ela lhe satisfaça. Algumas considerações devem ser observadas: se é de uma boa altura, largura satisfatória, firmeza suficiente e de fácil transporte.

Começando a aplicação

Antes de começar uma sessão, explique para a paciente que tudo o que ela precisa fazer é relaxar e sentir a experiência. Ela pode discutir o que está experimentando, rir, chorar ou ficar em silêncio. Quanto mais você puder ajudá-la a ficar relaxada, mais facilmente a energia fluirá através do corpo.

Execução

Para executar a T. A. T., deve-se simplesmente colocar as mãos abertas, com os dedos levemente afastados, sobre os pontos que se pretende atingir. Manter as mãos abertas com naturalidade e suavidade, sem precisar esticar ou tencionar os dedos. Não há posição obrigatória para a terapeuta. Ela pode se colocar em frente, ao lado ou atrás da paciente. Tudo dependerá das circunstâncias de cada caso e de cada posição dos pontos. Escolher sempre a posição mais confortável.

Postura da terapeuta

Esteja com uma atitude relaxada e amorosa antes de aplicar a T. A. T. Não aplique se você se sente negativa em relação à pessoa que a receberá, se você está atravessando um abalo emocional ou se está doente.

A terapeuta precisa elevar seus pensamentos de maneira que esteja em uma posição de tranquilidade, porque através de suas mãos será transmitida a mais pura energia da alegria, e a terapeuta deve ser um canal o mais limpo possível, sem tabus, sem preconceitos, crenças limitantes, julgamentos etc.

A terapeuta enquanto executa a T. A. T. precisa se conectar com seu Eu Superior, sua parte interior que possui a alegria transcendente, no espaço do seu coração. E se manter nesse espaço durante todo o tempo em que a técnica é executada.

Postura da paciente

Enquanto aplica, a paciente pode estar em contato com seu próprio corpo, suas sensações e emoções que afloram naquele momento, ganhando consciência de si mesma.

Tempo de aplicação

O tempo de aplicação em cada ponto depende do sentir da terapeuta, quando ela perceber que aquela região não é mais necessária ficar com as mãos ali, muda-se de ponto. O tempo da sessão é de aproximadamente 60 minutos ou mais se houver necessidade, porém é importante ter bom senso quanto ao tempo.

Conexão

Uma vez que você se alinha com o seu Eu Superior, você se torna um canal mais limpo e a energia do sagrado pode se manifestar. Essa conexão é livre, cada uma tem sua forma de se integrar com o sagrado, por meio de meditação, de concentração, oração, música, respiração, você é livre para escolher e definir sua maneira.

Aprendendo as posições

Há uma série de posições na sessão de T. A. T. Elas serão mais eficazes se você as usar pela ordem dada:

1) Circulando a Energia;
2) Posição de Limpeza: Expressão da Vontade e Acolher a Graça;

3) Posição de Limpeza: Princípio Receptivo e Acomodar o Coração;
4) Posição de Limpeza: Acomodar a Mente;
5) Posição de Limpeza: Movimento Celestial;
6) Posição de Abertura das Portas: Porta da Alma e Porta do Espírito;
7) Posição de Abertura das Portas: Porta da Atração e Porta das Cem Reuniões;
8) Posição de Abertura das Portas: Porta da Clareza e Porta Interna do Yin;
9) Posição de Abertura das Portas: Porta do Palácio das Emoções;
10) Posição para Equilibrar o Feminino: Poder Sustentador e Poder do Yin;
11) Posição para Equilibrar o Feminino: Poder do Feminino;
12) Posição para Receber a Alegria: Câmara de Jade e Lago Florido.

As posições: 2, 8, 9 e 10 devem ser aplicadas bilateralmente, se possível.

Circulando a Energia

E ssa energia se move tão rápido quanto sua percepção do tempo e do espaço. Dentro do nosso corpo, essa energia pode se mover em várias e diferentes velocidades dependendo onde ela esteja, e quão abertos ou bloqueados estiverem os canais por onde ela circula. Nas pessoas nervosas e com a mente rápida, a energia certamente se move mais rápido. Mas ela não depende tanto da velocidade de seu pensamento, de sua inteligência ou cérebro, e sim de sua consciência dessa energia, da abertura dos canais e de sua habilidade em circular essa energia sem esforço.

A frequência da energia e sua coloração não devem ser confundidas com as da luz. A luz espiritual e o corpo de luz não devem ser confundidos com a luz natural e sensorial que é percebida pelos sentidos externos.

Se a energia tiver uma luz, vamos senti-la com os sentidos internos, como uma percepção interna de luz. Por exemplo, o coração possui uma qualidade de luz vermelha de fogo, o fígado como uma madeira verde. Mas isso não significa que você vai ver uma luz com seus olhos, é mais uma luz que você vê com sua mente e pela visualização. Você sente que essa cor existe internamente, não é realmente algo físico, muito raramente alguém consegue visualizar essa cor com os olhos.

Assim que você se tornar ciente do movimento da energia, você deve apenas focar naquela área e perceber se a energia está fluindo ou não. Sentir o movimento da energia e a manifestação dela no corpo físico, em que local ela está se manifestando. Você deve colocar a intenção com alegria, para que aquela energia comece a circular. Não faz nenhuma diferença como você a visualiza – sua intenção é que faz o movimento.

Essa circulação é essencial para que o organismo tenha um funcionamento perfeito, pois o corpo está constantemente se desequilibrando com angústias, depressões, pensamentos e atitudes negativas, alimentação incorreta, preocupações excessivas, falta de autoconfiança, de amor-próprio e autoestima, entre outros fatores.

O fluxo de energia sobre um organismo é diretamente proporcional à qualidade dos pensamentos e sentimentos do indivíduo. São os nossos pensamentos e sentimentos negativos que causam interrupções no fluxo energético do nosso corpo. Os locais onde pensamentos e sentimentos negativos se concentram são onde o fluxo se restringe.

Nesses pontos, o organismo funciona mal e podem surgir doenças. Por isso é importante manter essa energia circulando.

Essa energia sutil deve circular em todo o seu corpo sem interrupção, de uma maneira suave e poderosa.

Objetivo

Um dos motivos para circular a energia é aumentar o Chi da pessoa para se tornar mais refinado, aumentar sua criatividade em todos os níveis: arte, negócio, relacionamentos etc. Outro objetivo é o espiritual, para permitir que possamos entrar pessoalmente em estados superiores de consciência, que são o ápice da experiência transcendental, e levá-la a sentir e experimentar diretamente o que é isso em seu corpo.

1) Circulando a Energia:

Para circular a energia do corpo todo: a terapeuta se posiciona na cabeça da paciente, coloca a mão esquerda segurando a cabeça e a mão direita no centro do peito. Somente com a imposição das mãos a energia automaticamente se movimentará.

Limpeza

"Quando as almas se despem da vaidade excessiva,
resplandece a sua grande luz espiritual."

(Buda)

Tudo o que existe no Universo é energia: nós somos energia, as palavras são energia, os pensamentos são energia. É a nossa identidade, a nossa essência. Assim, tudo aquilo que atinge o nosso campo energético atinge-nos, mesmo que não toque diretamente no nosso corpo.

As emoções reprimidas ou guardadas e os pensamentos negativos têm uma vibração energética baixa, que se aloja no nosso campo energético como uma "mancha negra" que vai o enfraquecendo, baixando a nossa própria vibração, fazendo-nos sentir cada vez mais cansados, desanimados, tristes, sem motivação nem alegria de viver.

Chama-se limpeza energética o restabelecimento da nossa energia original, feito de forma a elevar de novo a nossa vibração energética, recuperando a harmonia.

Algumas pessoas mais sensíveis conseguem enxergar esse campo energético ou aura. O que acontece na aura é que tudo o que você pensa e sente fica vibrando por lá. Então, se você tem pensamentos e sentimentos bons, terá uma aura vibrando com uma energia boa. Mas, se você tem pensamentos e sentimentos prejudiciais, a energia de sua aura vai ficar impregnada por vibrações nem um pouco saudáveis para você.

Já reparou como você pode sentir uma vibração que incomoda às vezes só de chegar perto de uma pessoa? Isso acontece porque você sente a aura dela. Dessa forma, as energias também podem ficar impregnadas nos ambientes. Em lugares pacíficos frequentados por pessoas amorosas, é natural que a energia no ambiente seja agradável e leve. Já em ambientes onde acontecem muitas discussões e desavenças, a energia pode prejudicar aqueles que ficam muito tempo por lá.

Energia de alta vibração positiva promove a cura; energia de baixa vibração negativa dificulta a cura.

Todas as sociedades antigas em todo o mundo, praticamente, têm utilizado ou continuam a usar a energia de cura. Curandeiros antigos sabiam que havia algo mais na cura do que apenas fechar feridas ou aliviar febres. Eles entenderam que os pensamentos e outras ameaças invisíveis causavam ou contribuíam para doenças psicológicas e físicas. Eles sabiam como fazer a cura fora do reino da física e nas dimensões psicológicas e espirituais. Conforme a medicina moderna se desenvolveu, o corpo e a mente passaram a ser vistos como entidades separadas e uma abordagem mais física para a cura foi adotada.

Estamos agora experimentando um ressurgimento da cura espiritual ou energética. A física quântica provou que tudo é energia e tudo afeta tudo. Os cientistas estão agora medindo o que os antigos sempre souberam: que há um campo unificado de energia que cria, não permeia, mas se torna tudo: objetos, pensamentos, emoções, o espaço entre os objetos, luz, som etc. Embora não haja nenhum ponto em que a sua própria energia "termina" e a energia de outra pessoa, coisa ou pensamento "começa", há concentrações de energia que compõem o que você percebe como objetos físicos. A energia dos pensamentos facilmente afeta as concentrações de energia que compõem o seu corpo.

Às vezes, você sente a energia, mesmo que seja invisível. Quando você entra em uma sala cheia de pessoas, você pode imediatamente sentir a energia – positiva, negativa, com raiva, feliz, medrosa, otimista, entediada, entusiasmada, ansiosa, amorosa, solidária etc., dependendo do seu estado de espírito.

Lembre-se de um período prolongado de estresse que você pode ter experimentado, como divórcio, morte de um ente querido ou outra crise pessoal. Lembra-se de como era sua energia, então? Escura, sombria, apática, desinteressada, deprimida, com dores, doente, dolorosa, sem esperança. Esses sintomas emocionais e físicos são todas as manifestações da energia negativa de seus pensamentos durante esse tempo difícil, que estavam impregnados em sua aura. Você vai notar (em si mesma ou nos outros) que problemas de saúde e rápido envelhecimento parecem andar de mãos dadas com os pensamentos e emoções negativas.

Como os pensamentos afetam o seu estado de saúde, você pode escolher seus pensamentos e emoções e, assim, você cria a sua própria saúde. Quando a energia negativa na forma de pensamentos e emoções se torna dominante em nosso campo energético, temos áreas desequilibradas, onde alguma energia é abundante e outra é escassa. Desequilíbrios e bloqueios levam a problemas que certamente vão se manifestar como problemas psicológicos ou físicos.

Os pontos de limpeza são para atrair energia positiva do campo unificado e através de seu próprio campo energético, e transmitir essa energia para a paciente, mudando assim o campo energético da paciente. Eles também limpam as energias bloqueadas que impedem o livre fluxo de energia no corpo, permitindo que o corpo se cure.

Você também pode aprender a expandir a sua consciência para atrair o tipo certo de energia e realizar a cura energética. Assuma o controle de sua saúde em um nível energético, criando uma vibração mais elevada. Energias semelhantes se atraem. Se você está vibrando em uma frequência predominantemente negativa, então você deve estar o mais neutra possível para ser um canal limpo, onde a energia possa fluir.

Nenhum terapeuta pode tratar ou curar outra pessoa se não estiver alegre, feliz ou energizado. Quando o terapeuta está com a energia positiva, seu toque é mais agradável para quem está recebendo o tratamento. O modo como você se sente no momento de tratar alguém se manifesta por sua energia. Quando você aprende a equalizar o seu humor, sua energia e o seu fluxo energético, estará usando sua energia para curar.

A limpeza da energia negativa é feita por meio da introdução de energia positiva; o que significa elevar a sua vibração, a fim de atrair energia de alta vibração correspondentemente. Portanto, mantenha seus pensamentos positivos, porque seus pensamentos se tornam suas palavras. Mantenha suas palavras positivas, porque suas palavras se tornam suas atitudes. Mantenha suas atitudes positivas, porque suas atitudes se tornam seus hábitos, e seus hábitos se tornam seus valores, e seus valores se tornam seu destino.

Essa limpeza consiste em um processo de adaptação da energia da paciente para receber novas vibrações. Este momento é muito importante, ele ajudará no equilíbrio do corpo e da mente.

Esses pontos trazem a oportunidade de um fortalecimento do campo áurico, a luz da aura se torna um campo de força, com a capacidade de transformar a energia de qualquer pessoa com quem a paciente depois entrar em contato, e ainda a energia dos ambientes em que adentrar. É como se tirasse os traumas vividos, os medos, as angústias, a falta de vontade, de força para a vida, enfim, podem limpar todas as energias que não estão correspondendo com a força de realização.

Normalmente, as mulheres chegam até nós com uma energia densa voltada ao mundo dos sentimentos. Esses pontos limpam todas as energias que estão atrapalhando a fluência do seu corpo vital, e isso vitaliza a saúde.

Objetivo

Limpeza do lixo mental, aprender a processar e soltar emoções acumuladas, como ódio, inveja, raiva, ciúmes, ansiedade, medo, desejo sexual obsessivo, traumas etc.

2) Posição de limpeza:

Expressão da Vontade: mão direita localizada atrás na ponta da escápula.

Acolher a Graça: mão esquerda na mão esquerda da paciente.

Expressão da Vontade

Fortalece a vontade e consciência de cada uma.

Num plano terapêutico é a força criadora que a paciente precisa tentar mobilizar no sentido da cura.

Acolher a Graça

É por ela que tudo chega, se vê, se ouve, se aprende. É se abrir para reconhecer os seus pensamentos, sentimentos e emoções a fim de que a paciente possa estar o mais livre possível para receber a energia da alegria. Se a paciente se abrir para receber a graça, ela sentirá que nesse estado, nada depende de as coisas serem boas ou ruins. Então as circunstâncias gerais da sua vida, as formas externas, tendem a melhorar consideravelmente. Não oferecer resistência à vida é estar em estado de graça.

3) Posição de limpeza:

Princípio Receptivo: mão direita localizada no centro do peito.

Acomodar o Coração: mão esquerda localizada nas costas na mesma altura.

Princípio Receptivo

Trata-se do princípio original, entregando à paciente a possibilidade de existir. Permite a mulher exprimir dinamicamente suas particularidades em relação ao Universo, desenvolve uma leveza em sua estrutura, ou seja, em relação ao corpo físico. Representa o aspecto feminino, acalma a mente e o corpo, pois está relacionado com emoções, sentimentos e memórias. Limpa o cansaço, depressão, introversão e a incapacidade de ver as coisas com uma perspectiva clara. Prepara o corpo para ter uma imagem e uma sensação de si mesma dentro do plano Universal.

Acomodar o Coração

Tem influência nos relacionamentos, violência, vícios, na paixão, ternura e rejeição. Quando trabalhada essa energia, você pode sentir-se profundamente conectada, e há troca harmoniosa de energia com tudo o que está ao seu redor, há uma apreciação da beleza. Trabalha o amor por si e pelos outros, compaixão, perdão, aceitação e mudança.

4) Posição de limpeza:

Acomodar a Mente: mão direita sobre a testa, mão esquerda no occipital acomodando o crânio.

Alivia a mente que pode estar densa. Se a paciente está com o corpo mental, com as ideias, o raciocínio pesado, essa posição vai fortalecer sua consciência com amor, conhecimento e sabedoria, surgindo novos pensamentos para encontrar seu lugar central.

Ajuda na parte lógica, racional e analítica do intelecto, pois é uma região muito sobrecarregada em razão da agitação da vida, trazendo dificuldade em dormir, de concentração, irritabilidade, ansiedade e impulsividade.

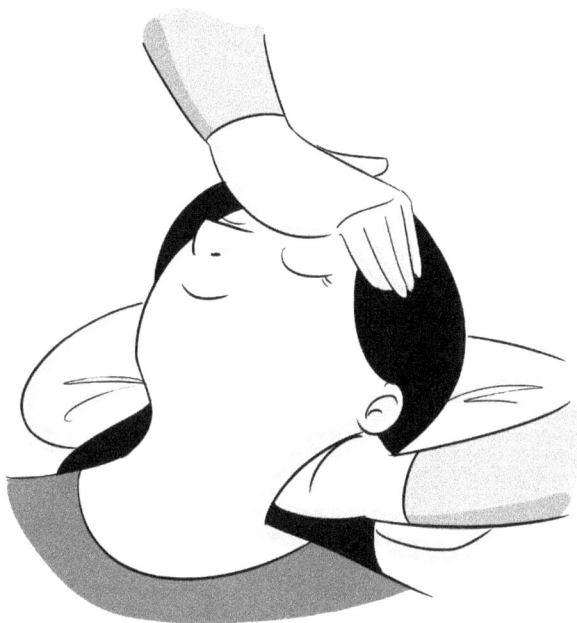

5) Posição de limpeza:

Movimento Celestial: localizado na sola dos pés. Mão direita no pé esquerdo e mão esquerda no pé direito. Terapeuta se posiciona nos pés da paciente.

Trabalha pontos energéticos que impedem a paciente de ir além, que paralisou e não sente que a vida pode ser mais, e que a vida não precisa ser essa coisa enlatada.

Deixa o passado para trás e faz o futuro ser. Dá mais coragem a seguir o seu caminho.

A torna mais livre e com o domínio de si mesma, estimula o equilíbrio em nossas vidas materiais e espirituais, pois afinal é o que o espírito sempre está buscando, o equilíbrio. Não há espiritualidade sem o material e não há materialidade sem o espiritual, um completa o outro, esse é o fluxo.

Abertura das Portas

"Se as portas da percepção estivessem limpas,
Tudo apareceria para o homem tal como é: infinito."

(William Blake)

Essas portas existem em todas as formas e em todos os níveis de consciência e dimensões, são pontos sutis distribuídos ao longo do corpo. Assim como a forma física humana possui uma rede de portas energéticas como os chakras, por exemplo, a Terra física também está em rede e é tecida com portas energéticas em toda sua extensão. Até hoje as pessoas viajam para realizar cerimônias e experimentar os portais antigos. Há muitas pessoas que viajam para esses locais antigos inconscientes dessa energia e força. O impacto de seu despertar pessoal pode ser muito sutil ou pode ser extremamente profundo.

O corpo humano possui muitas portas, elas abrem e fecham, a depender do estado mental e emocional da pessoa. Através das portas do corpo é que a energia e as informações são adquiridas. Elas abrem e fecham semelhantes às lentes das câmeras, tornam-se congestionadas com o uso indevido ou ficam bloqueadas de alguma maneira.

É importante perceber que elas podem ser cuidadas, purificadas, equilibradas, atualizadas, renovadas e honradas.

Muitas vezes, vocês são atraídos a um local porque, enquanto vocês estão ali, sentem-se conectados, estão percebendo um portal tênue e raro em outro espaço e em outra dimensão. O seu corpo físico está sendo recalibrado de um modo muito profundo e intenso. Essas portas estimulam sua consciência expandida e seu desenvolvimento como um ser multidimensional. Tornem-se conscientes dessas portas celestiais e deem boas-vindas aos dons energéticos que estão sendo oferecidos.

Com o equilíbrio dessa energia, teremos uma mudança de consciência, elevação de um novo padrão vibratório de pensamentos, sentimentos e ações alicerçados no amor, no coração, na alegria e na entrega absoluta.

Cada porta pode ser encontrada em padrões na parte anterior e na parte posterior do corpo, contém o mais elevado aspecto do ser humano e é completa em si. Isso significa que existe um perfeito potencial a ser acessado e ativado através das portas no corpo.

Quando ativadas, podem abrir uma série de memórias energéticas que se comunicam com as células e começam seu processo de despertar. Essas frequências despertam o processo de recordação, de forma que ocorre uma jornada de lembrança de si mesma. Remove véus que lhe impediram no passado de se lembrar. Esses padrões energéticos removem os véus da ilusão de modo que você abarca uma experiência mais profunda da verdade e o aspecto ilimitado de si mesma. Novas áreas do cérebro são despertas nesse trabalho, de modo que você começa a perceber a ilusão dessa realidade tridimensional mais facilmente e retorna para um estado natural de verdade.

Essas portas energéticas são canais por onde o Prana, a energia *Chi* ou a força da vida fluem no corpo, através dos nossos nervos físicos como um circuito sutil da mente, do eu, da matriz da consciência que suportam nossa presença física. A energia *Chi* precisa fluir livremente através do sistema para ser saudável. A abertura acontece apenas no nível sutil, nível da percepção e da intuição humana.

A maioria dos humanos fechou algumas portas por causa de dores ou mágoas. Quando a porta está trancada/fechada ou quando ela não se abre facilmente, a energia não consegue fluir de modo livre.

Com a abertura das portas, a paciente fica com a sua capacidade mental aumentada na mesma proporção em que o seu estado emocional diminui, o seu campo energético através dos seus chakras fica ampliado e ela adquire outro nível de consciência e informação vibracional, alimentado por momentos mais sutis de percepção.

Objetivo
Trabalhar com as sensações energéticas, conseguir o controle consciente sobre as conexões diretas e reversas no cérebro humano, desenvolver sensações necessárias para o controle da energia e das informações para o futuro.

6) Posição de Abertura das Portas:

Porta da Alma: mão direita localizada entre o 3º e 4º espaço intercostal do lado direito.

Porta do Espírito: mão esquerda localizada entre o 3º e 4º espaço intercostal do lado esquerdo.

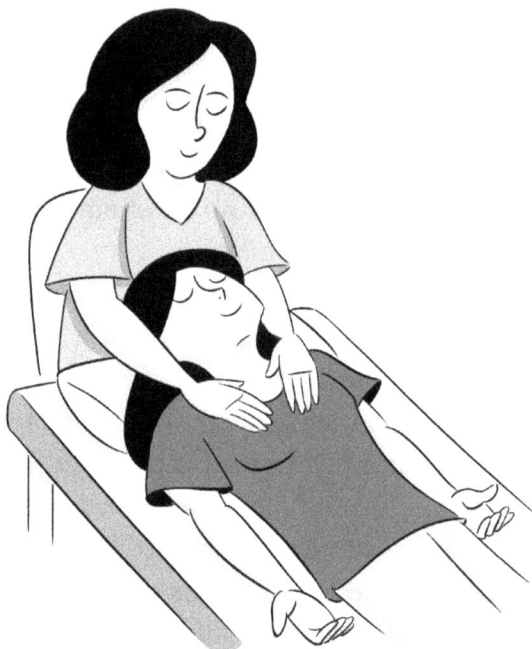

Porta da Alma

Sua relação está conectada com a luz, simboliza a essência da vida. Organiza o poder da alma que cria de um centro consciente de seu ser e lhe confere um poder de intuição.

Tem ligação com a fase em que costumamos buscar o amor recíproco e é a porta para a consciência superior.

Porta do Espírito

Retorno ao estado primordial sua energia vai em direção ao centro de nosso espírito, e quando essa porta se abre o espírito não sabe mais a que se agarrar, então a vida flui com facilidade.

Essa porta se torna um princípio organizador de nosso psiquismo, de nossas emoções, porém também um elemento fundamental de nossa transformação espiritual, porque remove as barreiras que nos impedem de ver a nossa divindade.

7) Posição de Abertura das Portas:

Porta da Atração: mão esquerda localizada na ponta das costelas do lado direito do corpo.

Porta das Cem Reuniões: mão direita localizada no alto da cabeça.

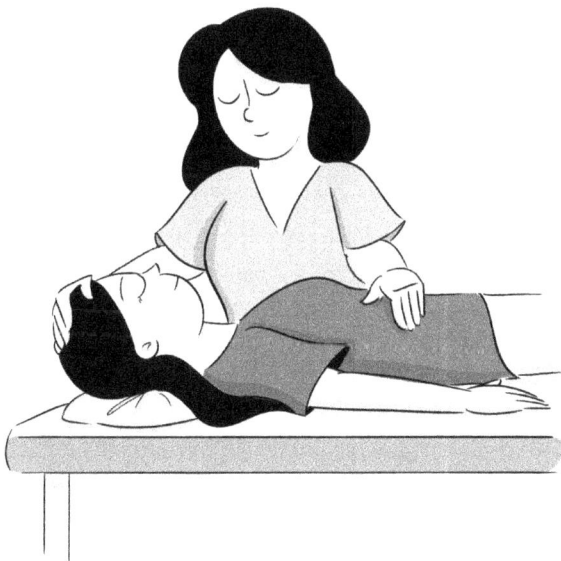

Porta da Atração

Os sentidos se desenvolvem para ajudar a paciente a ter sucesso facilmente nas tarefas que são importantes para ela.

Somos campos magnéticos atraindo o que pensamos e o que sentimos. Os pensamentos precisam ser positivos para gerar sentimentos otimistas, felizes e de confiança. Essa porta, quando aberta, ajuda a manter-se na frequência apropriada para alcançar o que queremos, pois o resultado almejado vai depender da nossa vibração energética resultante de nossos sentimentos.

Quanto mais aberta, mais podemos plasmar as nossas necessidades pessoais, e mais podemos criar, igualmente, uma outra realidade para o planeta Terra, com alegria, justiça social, paz e amor incondicional.

Porta das Cem Reuniões

Essa porta representa o poder criador individualizado, trata-se de uma qualidade de ser, qualidade indeterminada, não apegada, sem desejo. Quando essa energia é desperta, há um ajustamento entre a intuição e a luz do espírito original. Ela ajuda na elaboração e transformação do dinamismo interno. O pensamento faz parte dessa porta e, quando em equilíbrio, se torna um molde de nossos projetos com a terceira visão.

8) Posição de Abertura das Portas:

Porta da Clareza: mão direita localizada no osso sacro.

Porta Interna do Yin: mão esquerda localizada no antebraço do lado direito, na parte interna três dedos acima da prega do pulso.

Porta da Clareza

Essa porta traz o desaparecimento da dependência, não há mais medo de perdas. Somos dependentes de muitas coisas, pessoas, emoções, ambientes etc., com essa energia circulando, temos uma sintonia com o próprio corpo astral, trazendo movimento, comunicação e função.

Representa as questões apresentadas, os aprofundamentos dos problemas que formam as próprias condições da vida individual entre o céu e a terra, é a energia que inicia o desejo e a ação.

Porta Interna do Yin

Libera o tórax e regula a energia do coração, abre o canal Yin. Nessa porta são oriundas a satisfação e a felicidade. Estimula as emoções guardadas a saírem, faz um movimento em que a paciente começa a se olhar para dentro, permitindo a liberação de suas emoções estagnadas no peito. Alivia a estagnação e coloca a pessoa numa conscientização emocional. Quando essa porta é aberta, a energia yin, começa a fluir e passamos a conseguir gerar, criar e transmutar não só comportamentos, como mudanças no nosso estilo de vida.

9) Posição de Abertura das Portas:

Porta do Palácio das Emoções: mão direita localizada no umbigo e mão esquerda localizada na lateral da cabeça acima da orelha.

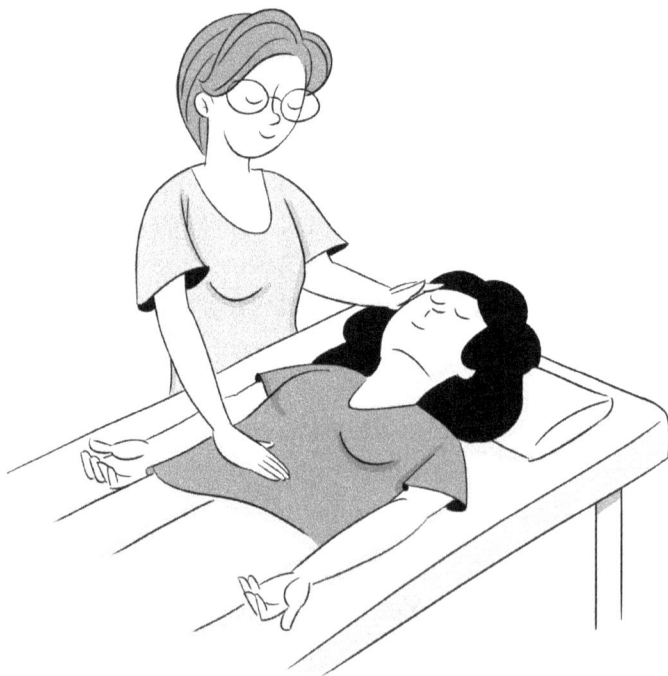

Porta do Palácio das Emoções
Resgata as energias dos ancestrais, faz a ligação entre o mistério da ancestralidade com a transformação de si mesma. Essa energia é doada por nossos pais e trazemos conosco ao nascer. É ela que sustenta a vida no corpo físico.

Quando essa porta é aberta, essa energia começa a fluir livremente e a pessoa começa a ganhar consciência das suas emoções. Se você consegue ter consciência das emoções à medida que surgem, mesmo que só um pouco, você restringe a atividade delas e se as observamos, o poder delas enfraquece.

Equilibrar o Feminino

"Uma pessoa equilibrada será capaz de apreciar
a beleza e o significado de cada situação
seja ela adversa ou favorável."

(Brahma Kumaris)

Todos os seres humanos possuem um lado masculino e um feminino. A questão dos gêneros é tão dualizada que dificilmente enxergamos a unidade desses princípios como parte integrante da mulher e do homem. O masculino é o Yang, o princípio ativador, a ação e atitude, o que coloca em movimento por meio da autodeterminação. O princípio feminino é o Yin, a energia receptiva, a atitude de deixar acontecer, a espera paciente e confiante, um movimento dentro de si mesmo.

A desconexão com a Fonte e a extrema identificação com os aspectos práticos terrenos nos fez adaptar e preferir as ferramentas Yang em detrimento do Yin. O uso abusivo da energia Yang masculina e guerreira ainda continua dominando a Terra nos últimos 2000 anos. Podemos inclusive responsabilizar o abuso dela pelo estado de violência e guerra em que o mundo se encontra.

Somos compostos de energia feminina e masculina. A evolução do Espírito é precisamente o equilíbrio dos polos dentro de nós.

A energia Yin é a única via de solução e superação deste mundo. O feminino contém o yin, por isso da importância de despertar essa energia. Isso ocorrendo, a humanidade se tornará mais sensível e intuitiva, mais observadora, e os sentimentos de amor e alegria serão mais valorizados.

O grande desafio da mulher hoje é entender que ela não compete com o homem, que ela tem características específicas, que ela precisa se identificar profissionalmente, mas não pode esquecer seus sonhos, que não pode deixar se masculinizar.

A mulher precisa redescobrir sua essência original para que apareça a verdadeira beleza, resgatar seus valores e características específicas como a delicadeza, a capacidade de ouvir, de ser materna, se permitir ser mulher, ser feminina. Muitas vezes as mulheres têm medo de serem femininas, porque pensam que isso pode ser sinônimo de fraqueza.

As mulheres precisam se reconectar com a própria feminilidade e reencontrar o equilíbrio interno de energia Yin e Yang. Precisamos reaprender a receber, a esperar paciente e confiante, a nos reconectar com nossa fé interna e a sermos vulneráveis. Isso também faz parte de nós e não é significado de fraqueza. Lembrando que a receptividade da mulher não deve ser confundida com passividade paralisada, ou seja, reencontrar o feminino dentro de nós também não enfraquecerá a nossa luta por direitos iguais. Há momentos que pedem energia Yin e outros Yang, é preciso sabedoria e presença para nos conectarmos com elas em equilíbrio.

Na verdade, há apenas uma coisa, uma energia, uma consciência, mas no momento de manifestar a si mesma a mulher deve ser tornar Yin.

Objetivo

Ativar a circulação da energia feminina em seu corpo, desbloqueando obstruções e promovendo o equilíbrio das energias Yin e Yang.

10) Posição para Equilibrar o Feminino:

Poder Sustentador: mão direita localizada no interior da coxa do lado esquerdo do corpo, oito dedos acima do joelho.

Poder do Yin: mão esquerda localizada na perna do lado esquerdo, na parte interna três dedos acima do tornozelo.

Poder Sustentador

Ativa o poder de produção com um alto nível de energia. Tudo o que a paciente procrastinou agora é ativado um poder de grande força para que as coisas comecem a andar. O importante é deixar que a energia que corre pelo corpo flua como tem que fluir, isso traz movimento e o movimento traz a ação. Esse ponto representa a raiz da vida individualizada, através dela despertamos as estruturas energéticas, as qualidades inatas que melhor definem o feminino. Recupera o sentido de amor na mulher.

Poder do Yin

Aqui temos o encontro de toda a essência Yin, com o despertar dessa energia temos uma tonificação da essência feminina, harmoniza os processos femininos de todo o sistema reprodutor, melhora a irritabilidade. Aumenta a fertilidade das ideias. O despertar dessa energia pode restaurar a identificação com o feminino, regular suas energias sob o ponto de vista alquímico para recuperar a vontade divina feminina para a manifestação física.

11) Posição para Equilibrar o Feminino:

Poder do Feminino: mão direita localizada no umbigo e a mão esquerda na nuca.

Ajuda a paciente a usufruir de sua sexualidade de forma livre, leve e solta. Consegue se libertar do medo, culpa e vergonha que um dia sentiu. Ela conhece a ligação que a energia sexual tem com a sua criatividade. Passa a dar vida aos seus projetos, ideias e objetivos seguindo a intuição, a voz que vem do útero.

Receber a Alegria

Estar disponível a receber alegria é uma verdadeira entrega, e ela sempre pode vir acompanhada de muitos sorrisos, gargalhadas, choros, tremores, gemidos, entre outras emoções. Receber a alegria é se tornar um com ela, porque ela está dentro, ninguém a traz de fora. Ela não vem de fora, ela é a própria natureza do ser humano. Ela está inserida no centro do ser, ela é a alma.

Quando fazemos a limpeza, estimulamos a energia a jogar fora o lixo acumulado e que não faz parte da essência original, de modo que o céu interior possa se estabelecer em algum espaço criado. Então aquele espaço que está escondido dentro pode expandir-se e a alma interna começará a crescer.

Na abertura das portas, a pessoa começa a ver a sua luz e a ouvir a sua dança, começa a mergulhar na música mais interna, um sentimento de que há uma música sutil em torno do seu corpo e, dentro dele, uma sinfonia, isso é receber a alegria!

A existência está sempre querendo fazer com que você fique alegre. Toda a existência quer que sua vida se torne um festival. Com certeza, a pessoa se tornará mais viva, mais feliz e terá a oportunidade de saborear o que a vida realmente é.

Quando essa energia é desperta, nos sentimos vivo, absolutamente vibrante e com vitalidade. Ao receber doses de alegria, o seu corpo volta a ser receptivo e se não houver nenhum bloqueio em torno dele, você estará sempre envolvido por um sentimento sutil de alegria. Seja o que for que esteja fazendo ou deixando de fazer, o seu corpo sempre estará envolto numa energia feliz. Você fica alegre quando o seu corpo está fluindo, como se fosse um rio.

"A alegria é o fogo que mantém aquecido o nosso objetivo e acesa a nossa inteligência", diz Helen Keller.

Objetivo

O objetivo principal é estimular os hormônios da felicidade, desencadear efeitos da endorfina, occitocina, dopamina e serotonina, sendo assim um processo biológico para encontrar o que é inerente à natureza humana a alegria.

12) Posição para Receber a Alegria:

Câmara de Jade: mão direita localizada na ponta do esterno.

Lago Florido: mão esquerda localizada no segundo chakra quatro dedos abaixo do umbigo.

Câmara de Jade

Ninguém tem a verdade, mas cada um de nós pode sintonizar-se com a própria verdade, essa é a câmara de Jade, onde contém nossa alegria verdadeira.

Ao ser estimulada, a pessoa encontra sua paz e uma consciência mais criativa. É a morada da felicidade.

A paciente se torna confiante do poder do amor em seu coração e na sua ligação com o espírito, tem a resposta para tudo e, automaticamente, conecta e expressa a sua verdadeira alegria. Essa conexão faz com que toda a prosperidade venha ao seu encontro, porque você está sendo criador da sua própria vida.

Nela está a nossa riqueza interior.

Lago Florido

A alegria, a felicidade e o êxtase são manifestados agora sem qualquer esforço, e a pessoa está livre para apreciá-las enquanto durarem. É como se fosse um lago em que tudo pode florir: mais luz, mais verdade, mais compreensão, mais paz, mais amor, mais coragem, mais alegria, elevando a natureza do ser.

Essa energia de transformação faz brotar o princípio vital, que é a natureza própria, vida e criação. Ela não só o nutre e fortifica, como preenche alegremente os relacionamentos.

Desse lago irradia a nossa melodia, e quanto mais vibrante está a energia do nosso lago florido mais longe e infinito chega a nossa melodia. Essa região está relacionada aos nossos risos e gargalhadas da alma.

Conclusão

A gora que você acabou de ler este livro, eu espero que perceba que sua alma é portadora de talentos e dotes capazes de trazer novas cores e esperanças em meio às disputas e guerras de nosso tempo. Cada mulher precisa se compreender, se enxergar e se valorizar como um verdadeiro dom. Ela não pode abrir mão de sua dignidade em virtude das inseguranças ou de um cárcere de dominação emocional fabricado por carências. Quando uma mulher se permite dominar pelo medo, insegurança ou frustração, e troca sua dignidade pelo desejo de ser aceita e amada, ela está traindo o propósito divino de felicidade que há sobre sua vida, jogando pelo ralo as inúmeras possibilidades que o Universo pode lhe oferecer.

Usando este novo modo de ver a vida, quando você pensar em alguém, uma conexão se estabelecerá com esta pessoa, as qualidades dela ficarão vivas em você. Esse velho modo de pensar deve dar lugar ao pensar com o coração. Então você pode mudar a vibração ao seu redor, somente com a sua própria energia.

A vida acontece como resultado de suas intenções em relação a ela. A implicação disso é enorme. Porque se você vir e acolher isso, e aceitar tudo, não apenas intelectualmente, você se descobrirá experimentando mais poder, mais alegria, mais criatividade, mais abundância, de todas as formas, mais paz, e mais amor do que imaginou algum dia. Você se descobrirá se recriando novamente em cada momento. E isso é o que você veio fazer aqui neste planeta.

A sua escolha, sua determinação, sua decisão de fazer a diferença já estão fazendo a diferença, porque o simples fato de estabelecer o padrão de energia dessa diferença começa a criá-la. Quando você compreender isso, você não mais julgará ou condenará o mundo. Você simplesmente o transformará em alegria e tudo isso a ajudará em sua busca de saber e experimentar quem você realmente é!

Transfira a energia que está sentindo para todos cujas vidas você toca.

Devolva tudo o que chega a você com amor e alegria. Ame-se a si mesma, busque a verdade, o que significa ser sincera consigo mesma quanto ao que sente e comprometer-se a passar desse para outro lugar de amor.

Veja bem, se você negar as suas reações negativas, empurrando-as para baixo, não estará se amando nem amando os outros. Se as sente e de algum modo as reconhece, dá espaço para a alegria fluir. Você se libera para passar a um lugar de amor e felicidade dentro de si. O amor sem condições permite a ação da felicidade em sua vida!

Há muito tempo que existe uma crença de que o remédio bom é o amargo, que o tratamento bom tem que ser o doloroso, e que um sistema inteligente tem que ser complicado. Sejamos mais atentas a isso tudo, essas crenças dificultam sua ascensão ao divino, ao gentil, ao ser amoroso, doce e alegre que você é. A felicidade é proporcional à elevação do nível de consciência de cada uma. O sistema de equilíbrio através da Terapia da Alegria Transcendente quebra essa tradição, pois ela é simples e, ainda assim, eficaz. Não questione a simplicidade! Porque sentir a vida vai muito além do óbvio. Tudo isso é uma explosão contínua de milagres e nós participamos disso tudo. Ao mesmo tempo em que possa parecer tão simples quanto uma maçã na árvore, é tão misteriosa quanto a própria vida que gerou a maçã. Essa técnica proporciona novas ferramentas para cura, restauração da energia vital, transformação pessoal, promovendo a alegria nas relações com tudo e com todos, e poderia facilmente criar um impacto de amor e alegria na consciência universal feminina, transformando seu corpo em um templo e sua alma leve e alegre. Muitos dizem que morremos a cada dia, mas eu prefiro dizer que nascemos a cada dia para uma nova experiência.

Você é o que te faz feliz, é o que te compõe como mulher, são os seus pedaços que formam a sua história e de suas antepassadas, que jamais pode deixar de lado. Seja fiel a si mesma, respeite quem você é e o que quer ser. Você precisa querer ser feliz, querer trazer alegria e cor para a vida no planeta. Não deseje ser nada para ninguém, apenas seja quem você é na sua essência mais pura. Não cumpra expectativas ou padrões. Carregue a alegria de ser mulher!

Esta obra foi composta em Georgia e impressa sob demanda em sistema digital. Corresponde ao consumo de 0,1 árvore reflorestada sob a norma ISO 14.001. Recicle Sempre.

www.ingramcontent.com/pod-product-compliance
Lightning Source LLC
Chambersburg PA
CBHW060013050426
42448CB00012B/2730